KB196953

왜 엘리트들은 사주를 보는가?

1판 1쇄 인쇄: 2024년 12월 30일
1판 1쇄 발행: 2025년 1월 2일

지 은 이 김대영
펴 낸 이 정원우
기획총괄 이원석
디 자 인 권예진
교정교열 이원석
펴 낸 곳 어깨 위 망원경
출판등록 2021년 7월 6일 (제2021-00220호)
주　　소 서울시 강남구 강남대로 118길 24 3층
이 메 일 tele.director@egowriting.com

ISBN 979-11-93200-04-9 (03150)

왜 엘리트들은 사주를 보는가?

김대영 지음

어깨 위 망원경

차례

PART 03 내 사주는 어떠한가

PART 04 내 운은 어떠한가

PART 05 내 인생을 어떻게 설계할 것인가

PART 06 내 기질과 배우자를 알 수 있는 일주론

{ 그림 목록 }

{ 표 목록 }

왜 서울대 출신의 IT 전문가는 20년간 사주 공부에 빠져들었을까

AI가 번성하고 과학과 이성이 지배하는 21세기에 사주의 인기는 더욱 커가고 있습니다. 어느 지역 거리를 가봐도 사주, 타로를 봐준다는 집들을 흔하게 볼 수 있습니다. 비과학과 미신으로 치부되었던 과거를 생각하면 놀라운 변화입니다.

바다 건너 미국의 실리콘밸리, 월스트리트 등 세계 최고의 지성이 모이는 곳에서도 점성술이 널리 퍼지고 있다고 합니다. 월스트리트의 금융 전문가들도 자산 변동 예측에 점성술을 오랜 시간 사용해 왔습니다. 높은 적중율을 보인 사례도 찾아볼 수 있습니다.

또한 〈뉴욕타임스〉 기사에 따르면 많은 미국의 젊은이들 또한 점성술 앱에 돈을 결제하고 애용하는 중이며 이 분야 시장 성장세도 가파르다고 하며, 또한 사주 앱을 만드는 회사들에 벤처 캐피탈의 돈이 몰리고 있는 실정입니다. Erin Griffith, "Venture Capital Is Putting Its Money Into Astrology", <New York Times> 2019년 4월 15일자

최근 흥행한 영화 〈파묘〉에서 지관최민식 분은 자기가 묘자리를 봐준 소위 잘나가는 집안에 대해 이야기합니다. 영화 속에서만 아니라 현실에서도 정재계의 유력 인사들이 역술가들과 가까이 지내고 수시로 자문받는 이야기들이 심심치 않게 들립니다.

이렇듯 현대인들, 심지어 엘리트들이 사주에 열광하는 이유가 무엇일까요? 그 이유를 모색하기 전에 먼저 제 이야기를 하고자 합니다. 어릴 때 꿈은 천문학자였습니다. 별을 좋아해서였습니다. 하지만 당시에는 천문학과를 나오면 별 볼 일 없이 산다는 농담이 있을 정도로 천문학에 대한 인식이 낮았습니다. 그래서 서울대학교 공대 진학이라는 현실적 선택을 했습니다. 공학도 자연과학하고 비슷하게 이치를 연구하고 응용하는 학문이라서 공부는 재미 있었습니다.

하지만 대학원 졸업 후에 연구원으로 짧게 일하고 나서는 IT분야로 전직했습니다. 인터넷 기반으로 대량의 정보가 오가고 빠르게 입출력이 이루어지는 새로운 세계는 저와 잘 맞았습니다. 대학 때 공부한 전공을 살릴 수는 없어서 밑바닥부터 시작해 다양한 일을 마다하지 않고 해냈습니다. 검색엔진 관련업무나 디지털 마케팅 분야도 담당했고, 최근에는 AI 스타트업에서

일을 하기도 했었죠. 어떻게 보면 쉬운 길을 놔두고 굳이 어려운 길을 가는, 이상한 선택을 해온 셈입니다. 배운 전공을 살려 상대적으로 익숙하고 편한 길을 가는 대신에 매번 새로운 분야를 택해 여러 회사를 돌아다니고 IT 전략가, 디지털 마케팅 전문가, AI 전문가 등 다양한 직함으로 살아왔습니다.

지금까지 제가 걸어온 길을 말씀드리면 대부분의 사람들은 어쩌다 20년에 걸친 사주 공부에 빠져들었을까 궁금해합니다. 사실 저는 독실한 어머니의 영향으로 모태 신앙으로 태어나서 어려서는 교회와 성당에서 살다시피 했었습니다. 독실한 크리스천의 삶을 살았지만 집안 사정은 녹록하지 않았습니다. 아버지는 여러 사업을 벌이신 바람에 집안이 조용한 날이 없었습니다. 뿐만 아니라 갑자기 사업이 기울어져서 온 집안이 풍비박산 났습니다. 집안 살림은 어려워져도 공부는 열심히 했기에 서울대학교에 입학할 수 있었습니다. 하지만 그럼에도 삶이 나아지진 않았습니다. 좋은 집안에서 자란 주위 친구들은 오로지 학업에만 전념할 수 있었지만 저는 항상 아르바이트를 해가며 바삐 살 수밖에 없었죠. 그러다가 연애의 시기가 찾아오고 학업을 내팽개치고 여자친구 뒤꽁무니만 쫓아다니기도 했습니다. 대학원을 마친 후에는 공부 대신에 취업을 해서 돈을 벌었습니다.

'내 운명은 이러할까? 나는 언제쯤 잘 살 수 있을까?' 그런 궁금증이 생기게 된 것은 이때쯤이었습니다. 이런 궁금증을 해소하고자 사주 카페를 찾아가 상담받았습니다. 사주를 맹신해서는 아니었습니다. 그저 나의 미래는 어떤 모습일까 하는 궁금증에서 시작된 것이었죠. 하지만 사주 카페에서 10~20분 정도로 짧게 해주는 이야기는 솔직히 별 도움이 되지 않았습니다. 그럼에도 불구하고 오래지 않아 여러 점집을 들락날락 거리고 있는 제 자신을 발견하게 되었습니다. 어쩌면 제가 듣고 싶어하는 이야기를 해줄 점집을 찾아다닌 것은 아니었을까 싶습니다. 여러 곳을 다녀 보니 공통적으로 비슷한 이야기를 해주는 것 같기도 했으나, 여전히 듣고 싶은 말을 콕 찝어서 들려주는 곳은 없었습니다. TV에 자주 나와서 족집게처럼 잘 맞춰서 유명해진 계룡산 도사부터 귀신들과 이야기하고 내쫓기도 한다는 퇴마사까지, 그야말로 만나볼 수 있는 사람은 다 만나본 것 같습니다. 하지만 제가 느끼는 운명에 대한 갈증을 시원하게 풀어주는 곳은 만나지 못했습니다. 짧은 시간 안에 상대방의 운명을 상세히 파악해서 설명해주기란 현실적으로 어려울 수밖에 없는 일이지요.

이때부터 그럼 내가 스스로 공부해보자, 내 운명을 타인의 손에 맡기지 말고 스스로 분석해 보는 거야, 직접 공부해보면 잘할 수 있겠지라고 하는 생각이 들게 되었죠. 이게 바로 자만심이라는 것을 깨닫기까지 그리 오래 걸리진 않았습니다. 사주 공부를 시작한다고 해서 처음부터 곧바로 제 사주가 시원하게 해석되지는 않았습니다. 오늘 보면 알 것도 같다가 내일이 되면 다시 백지 상태로 돌아가기 일쑤였습니다. 또한 일이 바빠지면 내팽개쳤다가 궁금해지면 다시 공부하는 패턴이 반복되었습니다. 그래도 포기하지는 않았습니다. 시중 서점에서 살 수 있는 책들은 모두 사들이고, 절판도서는 중고 서점에서 구해 공부했습니다. 또한 정식으로 출판된 적이 없는 여러 도사님들의 비법 노트 또한 애써 찾아내서 탐독했습니다.

이렇게 몇 년의 시간이 흐르고 나니 그동안 했던 사주 공부가 제 안에서 숙성되었던 모양입니다. 갈기갈기 나뉘어 서로 이어지지 않았던 공부의 조각들이 불현듯 연결되면서 사주가 이해되는 순간이 찾아왔습니다. 그렇게 정신없이 제 지난날과 사주를 대입해 보면서 제 인생이 이해되기 시작했습니다. 제가 여러 회사를 돌아다니면 방황 아닌 방황을 한 이유도 모두 깨닫게 되었습니다. 제 인생이 사주로 정리가 되자 사주에 대한 큰 확신을 가지게 되었습니다. 또한 사주가 인생을 예측하는 실제 결과들로 인해 매번 놀라지 않을 수 없었습니다. 이 확신과 경탄으로 인해 저는 공부한 내용을 블로그퓨처트리 명리산책에 올리며 다른 사람과 공유하기 시작했습니다. 그리고 무료로 사주를 봐 주었는데, 대략 만 명을 넘어갈 때쯤부터 점차로 사주에 대한 눈이 뜨이게 되었습니다. 제 사주에 대한 고민을 넘어서 타인의 인생에 대해 이해하게 되고 더불어 그들의 고민을 상담해주게 되었습니다.

얼마 전에도 한 여성분이 삼수하는 자녀분의 진학 여부를 묻기 위해서 찾아오셨습니다. 다른 고민은 없고 오직 자녀분 때문에 걱정이라 유명하다는 점집이나 역술가들은 다 찾아다니셨다고 합니다. 그동안 만났던 분들의 이름을 들으니 저 역시 어느 정도 알고 있는 유명 점술가들이었습니다. 그런 분들을 만나서 상담 받으셨는데 뭐가 더 궁금해서 오셨냐고 여쭤 보니 답해주시길, 다들 조금씩 다른 이야기를 해서 확신이 서지 않는다고 답해주셨습니다. 그동안 가진 궁금증을 다 쏟아 내시길래 저 역시 최선을 다해 설명해드렸습니다. 그럼에도 상담 마지막에는 다른 용한 역술가가 없는 지를 물어보시더군요. 그런 분들의 궁금증은 스스로 답을 찾을 때까지 사라지지 않을 것입니다. 사주에 대한 목마름이 해소되려면 스스로 배우고 깨달아야 합니다.

사주를 공부해야 할 이유는 무엇일까요? 우리는 모두 정보의 홍수 속에서 살고 있지만 정작 나 자신에 대한 정확한 정보를 얻기는 쉽지 않아서입니다. 그래서 세상에서 가장 중요한 '나'에 대한 정보를 MBTI와 같은 간단한 심리테스트에 의존하고 열광합니다. 개인주의 첨단의 시대에서 '내'가 가장 중요한 데 '나'는 '나'를 잘 모릅니다. SNS에 비춰진 가짜 '나'의 이미지가 '나'를 집어 삼키고 있습니다. 사주는 '나'라는 존재에 대해서 다각도의 정보를 제공합니다. 사주를 단순히 미래 예측만 하는 점술로 생각하지 않는다면 '나'를 이해하고 성공으로 이끌 수 있는 좋은 수단이 됩니다.

사주는 우리 자신을 이해하고 삶을 바꾸도록 도와주는 훌륭한 도구이지만 완벽하지 않습니다. 우선 해석하는 사람이 완벽하지 않습니다. 또한 사주 이론도 아직 발전해야 할 부분이 많습니다.

이제 사주가 음지의 학문에서 양지의 학문으로 나오고 사람들에게 도움을 주는 좋은 분석 도구이자 동기 부여의 수단으로 더 널리 쓰여야 합니다.

사주로 내일의 날씨를 맞추는 도구로 쓰시면 곤란합니다. 사주는 그런 게 아닙니다. 내 인생이 봄을 향해 가고 있는지 아니면 겨울을 준비해야 하는지 알게 해주는 지침입니다. 그걸 알게 되면 나머지는 나의 노력으로 채워나갈 수 있습니다. 선택과 집중을 통해서 성공의 크기를 키우고 실패의 후유증은 최소화 할 수 있습니다.

이 책은 사주를 통해 우선 일차적으로 자기 운명에 대한 궁금증을 스스로 해결하고 싶은 분들을 위해 쓰였습니다. 또한 궁극적으로는 사주를 통해 자기 자신을 변화시키는 것을 목표로 하였습니다. 사주 보는 법을 장악하면 자기 자신에 대한 이해가 높아지고 자기 인생의 흐름을 파악하게 되므로 더 이상 휘둘리지 않고 주도적으로 살아갈 수 있습니다.

이 책은 특히 복잡한 사주 이론을 장황하게 설명하지 않고 핵심적인 내용을 통해 본인 인생을 관찰하는 방법을 더 중점적으로 다루고 있습니다. 1부에서는 왜 사주를 공부해야 되는지를 생각해보고 2부에서는 사주에 대한 기초를 학습하고 3부는 내 사주를 보고 이해하는 연습을 합니다. 4부는 내 사주에 일어나는 변화의 원인을 학습합니다. 5부는 MBTI를 사주로 분석하고, 또한 삶의 전략을 수립하는 방법을 배웁니다. 6부는 일주에 대한 각론을 수록해서 빠르게 열람할 수 있게 했습니다. 2~5부는 순서대로 진행하는 것이 좋고 6부는 필요할 때마다 보시면 됩니다. 다양한 이론들 때문에 체계가 잡히지 않으셨던 분들을 위해서 학계의 최신 연구 동향도 소개했습니다. 또한 최근 각광받고 있는 MBTI를 사주의 관점으로 풀어서 젊은 세대들도 쉽게 다가올 수 있도록 했습니다.

사주를 통해 스스로를 이해하는 목적은 운명을 바꾸는 것에 있지 않습니다. 운명을 쉽게 바꿀 수 있다면 역술인들은 모두 자기 운명을 바꿔서 멋진 삶을 살고 있을 겁니다. 사주 공부의 목적은 자신의 운명을 이해하고 받아들인 후에 그 안에서 최선의 삶을 사는 것에 있습니다. 운칠기삼運七技三라는 옛 말이 있습니다. 운은 70%이고 노력이 30%라는 뜻입니다. 운이 중요하기는 합니다만 나의 노력도 역시 중요함을 일컫는 말입니다. 쉽지는 않지만 나의 노력과 선행을 통해서 운명을 발전시켜 나가는 것이 우리의 목표입니다. 이게 사주를 통해 나를 변화시킨다는 의미입니다.

나를 변화시키기 위해서는 왜 그래야 하는 것인지 가슴깊이 이해해야 합니다. 과거, 현재, 미래의 행동what 자체가 아닌 그 행동의 이유why를 핵심 질문으로 삼아야 합니다. 누군가가 해주는 이야기에 의존해서가 아니라 스스로 자기 운명을 살펴보고 나서 내가 그렇게 행동하는 이유를 깨달아야 나를 변화시킬 수 있습니다.

PART

01

사주는 어떻게
인생의 무기가 되는가

1장

나를 알고 인생 설계까지 할 수 있는 도구

정답이 없는 인생 방향 찾기

인생을 사는 방법에는 정답이 없습니다. 별다른 계획없이 그냥 순간순간 주어진 환경에서 최선을 다해서 사는 방법도 있습니다. 봉준호 감독의 영화 〈기생충〉에서 기택송강호 분은 계획이 뭐냐는 아들 기우최우식 분의 질문에 이렇게 답합니다. "가장 완벽한 계획이 뭔지 알아? 무계획이야." 인간이 인위적으로 세운 계획이란 결국 틀어지기 마련이라는 논리이지요.

그래서 많은 사람은 물 흘러가는 대로 무리하지 않고 환경에 순응해서 살기도 합니다. 어떤 것이든 실제로 겪어보지 않으면 판단이 어렵기 때문입니다. 점차 줄어들고 있기는 하지만, 어떤 사람은 한 직장에 들어가서 정년 퇴직할 때까지 근무합니다. 또 어떤 사람은 주기적으로 직장을 옮겨 다니며 다양한 경험을 합니다. 한 직장에 오래 다니는 사람은 자기 직업의 전문성을 갖게 되지만 한 곳에 너무 오래 머물러 안주하기도 합니다. 반면 직장을 자주 옮기는 사람의 경우, 계속 바뀌는 환경으로 인해 전문성은 떨어지게 됩니다. 회사를 옮길 때마다 원하는 일을 할 수는 없기 때문입니다. 하지만 새로운 환경을 자주 마주하고 학습의 필요성이 생겨 성장하는 면에서는 유리합니다. 둘 중 어떤 선택이 나에게 좋은 지를 해보기 전에 미리 판단하기는 어렵습니다. 결국 오랜 시간이 지난 뒤에 자신의 삶을 되돌아보면서 후회하기 일쑤입니다. 도대체 나는 왜 그때 그런 선택을 했을까 하고 말이지요.

자, 이제 수십 년 전 과거로 돌아가 인생의 중요한 선택을 하는 순간을 다시 맞이했다고 칩시다. 영화 〈인터스텔라〉에서 주인공 조셉 쿠퍼매튜 매커너히 분가 과거의 딸에게 이야기하려고 하는 것처럼 나에게 어떤 이야기를 들려주실 지요? 너가 지금 하려고 하는 그 선택을 나중에 후회하게 될 거라며 다른 선택을 채근하시겠습니까? 하지만 그때로 돌아가 그와 다른 선택을 한다고 해도 후회하지 않는다는 보장은 어디에도 없습니다. N회차로 인생을 살 수 있다면 여러 번 다른 선택을 하면서 최적의 삶을 살아볼 수도 있으련만 우리의 인생은 결코 그렇지가 못합니다.

어떤 사람은 수십년이 지난 후에 성공을 자축할 수도 있고 또 어떤 사람은 실패의 아픔을 뼈저리게 느끼고 있을 지도 모릅니다. 무엇이 이런 차이를 만들었을까요? 타고난 운명이 이런 차이를 만들었을까요? 그렇기도 하고 아니기도 합니다.

흔히들 말하길, 인생은 속도보다는 방향이라고 합니다. 맞습니다. 좋은 방향으로만 간다면 속도는 느리더라도 꾸준히 성장하고 마침내 목표에 도달할 수 있습니다. 물론 포기하지 않는다는 전제하에서입니다. 그런데 우리는 선택의 순간마다 이 길은 아닌 것 같아 포기하고 다른 선택을 하게 됩니다. 왜 그럴까요? 이유는 간단합니다. 그 길이 맞는 길인지에 대해서 확신이 없기 때문입니다. 그렇다면 확신은 어떻게 가질 수 있을까요?

스스로 해석해야 하는 사주

의지가 강하고 실천력이 좋은 사람은 스스로를 믿고 행동하며 나아갈 수 있습니다. 이런 기질을 가진 사람은 당장은 아니라도 언젠가는 성공할 가능성이 높습니다. 이른바 뭘 해도 성공할 사람입니다. 좋은 운을 만나면 그동안의 노력이 성공의 보상으로 돌아오게 됩니다. 내가 이런 성향의 사람이라고 한다면 굳이 사주를 보지 않으셔도 됩니다. 나의 의지로 내 삶의 방향을 정하고 하루하루 성실하게 노력하고 있을 것이 분명하기 때문입니다.

하지만 대부분의 경우는 이런 소수의 성공 DNA를 가진 분들과 다르게 살아갑니다. 작심삼일이라는 말을 굳이 꺼내지 않아도 우리 의지의 유효기간은 길지 않습니다.

그러면 대체 왜 그러는 걸까요? 애석하지만 그렇게 태어났기 때문입니다. 결코 누구의 잘못도 아닙니다. 어떤 분들은 전생의 업業 때문이라고 하기도 합니다. 전생의 업을 믿는다면 이렇게 태어난 것도 내가 기억하지 못하는 전생의 잘못 때문이라고 할 수 있습니다. 개인적으로도 전생을 믿고 있습니다. 하지만 현재의 삶에서 이것을 입증할 방법이 없기 때문에 이 책에서는 다루지 않겠습니다. 여기서는 그저 믿음의 영역에 남겨두는 것이 좋겠습니다.

우리가 주목할 점은 이렇게 태어났다는 사실뿐입니다. 이 사실을 받아들인다면 우리가 할 일은 우리가 어떻게 태어났는지를 정확하게 이해하는 것입니다. 이때 필요한 것이 바로 사주입니다. 물론 우리의 현재 상태를 알 수 있는 방법은 사주 이외에도 여러 가지가 있습니다. 예를 들어서 재무 상황이라고 하면 나의 계좌 잔고나 채무 상태만 봐도 바로 알 수 있습니다. 또한 심리 상태는 다양한 심리 검사를 통해서 알 수 있습니다.

반면 사주는 나의 현재 상황뿐만 아니라 나의 성격의 본질적인 특성, 그리고 과거, 현재, 미래의 변해가는 흐름을 알려줍니다. 아무래도 미래에 대한 부분은 믿기 어려울 수 있습니다.

하지만 제 삶을 통해서, 그리고 제가 상담한 수많은 사람들을 통해서 지금까지 살펴본 바로는 틀리지 않다고 자신있게 말씀드릴 수 있습니다. 당장 이 부분에 대한 믿음을 갖기 어려울 지도 모릅니다. 그러나 이 책을 다 읽고 본인의 삶과 대조해보면 머지 않아 견고한 믿음이 생길 것입니다.

사주는 사람이 태어난 년월일시를 기준으로 하는 여덟 글자로 이루어져 있습니다. 여덟 글자의 상징으로 삶 속에서 벌어지는 수많은 일들을 해석해야 하기 때문에 나를 잘 아는 사람이 해석할 때 더 세밀하게 파악할 수 있습니다. 내 스스로 해석하는 게 좋다는 뜻입니다. 물론 사주에 대한 전문지식이 있는 사람이 옆에서 조언해 주면 해석의 정확도를 더 크게 끌어올릴 수 있습니다. 그럼에도 불구하고 가장 중요한 것은 해석하고 받아들이는 본인의 역할입니다.

사주를 해석하는 일은 프리즘과 같습니다. 해석하는 사람의 인생 경험을 통해 사주 해석이 투영됩니다. 가령 특정 역술가를 만났는데 그 분의 경험이 한정적이라면 그 분의 사고 속에서 가능한 수준으로 밖에 조언을 해줄 수 없습니다. 나를 통해서 바라보는 사주와 내 삶과는 다르게 살아온 사람을 통해서 바라보는 사주 사이에는 괴리가 존재합니다. 이 괴리를 좁힐 수 있는 방법 역시 내가 주체적으로 사주를 이해하는 것 외에는 없습니다. 이게 바로 내 스스로 사주를 공부해야 하는 이유입니다.

2장

What이 아닌 Why를 찾아가는 학문

옳은 질문을 해야 되는 이유

보통 점집을 방문하게 되면 앞으로 나의 미래가 어떻게 되는지, 즉 결과를 중심으로 질문을 합니다. 시험에 붙는지, 결혼은 언제 하는지 등과 같은 물음이지요. 이렇게 묻는다면 그렇다, 혹은 아니다 식의 단답형으로만 답을 받게 되기 쉽습니다. 앞서도 이야기했지만 사주의 결과는 그 사람의 인생 경험을 통해서 투영됩니다. 결과만 들으면 불안감이 빠르게 해소되고 마음의 위안을 손쉽게 얻을 수 있을지는 몰라도 내 삶의 진정한 변화를 만들어 내기는 어렵습니다. 그저 받은 점괘가 맞으면 용한 점집을 만난 셈이고 틀리면 기대했던 나만 피해를 보게 됩니다.

따라서 좋은 답을 얻으려면 먼저 올바른 질문을 하는 게 필요합니다. 가령 준비하는 시험에 붙을지 떨어질지도 물어봐야 하겠지만, 어떻게 공부를 해야 되고, 혹시 시험에 떨어지면 어떻게 해야 되는지를 같이 물어봐야 합니다. 이렇게 되면 어떤 결과가 나오더라도 사전에 준비가 되어 있어서 적절하게 대응할 수 있습니다. 그리고 지엽적인 질문을 하기 전에 먼저 나에 대해서 올바른 질문을 해야 합니다.

- 나의 타고난 기질, 기운
- 내 사주에 필요한 기운
- 대운이 트이는 시기 (운이 트이는 방법)
- 취업운, 시험운 (이직 시기, 맞는 회사, 사업 가능성, 해외 취업운)
- 연애운 (어울리는 궁합, 결혼 시기)
- 재물운 (전반적인 인생의 재물운, 투자운)
- 건강운 (전반적인 건강, 조심해야 할 질병, 음식)

위에 소개한 항목들을 잘 활용하셔서 짧은 상담 시간 안에 인생의 주요 관심사에 대해 빠짐없이 물어보시길 바랍니다. 이야말로 역술인의 관점에서 보면 참으로 긍정적인 모습입니다. 이렇게까지 준비해서 본다면 사주를 통해 인생을 변화시킬 수 있는 가능성을 보여주는 셈입니다.

여기에 더해서 한 단계 더 깊이 들어갈 수 있는 질문을 준비하면 좋습니다. 나의 타고난 기질을 오행을 중심으로 이해할 수도 있고, 십성육친이라고 하는 성분으로 규명할 수도 있고, 격국과 용신을 통해 파악할 수도 있습니다. 뒤로 갈수록 이해의 단계가 깊어집니다. 이해가 깊어지면 이를 바탕으로 더 세밀하게 인생을 설계할 수 있습니다. 위의 리스트에서 나열한 질문들은 이러한 깊은 이해 위에서 모두 해명될 수 있습니다.

이 책은 나의 심연을 다루는, 본질적인 질문에 대한 답을 찾는 것을 목표로 합니다. 그것을 위해서 필요한 내용들을 핵심 위주로 설명하고자 합니다. 본질에 대한 이해가 끝나면 어떠한 질문에 대해서도 바로 그 본질로부터 출발해 답을 찾아갈 수 있습니다. 너무 세부적인 답을 찾는 방법만 습득하게 되면 거기서 벗어나는 질문을 받을 때에 제대로 대응할 수 없게 됩니다. 다들 자신의 심연에 대한 탐험을 시작할 준비가 되셨나요?

3장

나를 용납하고 지금보다 더 사랑하는 비결

나를 받아들이고 사랑하는 방법

우리는 고도 경쟁 사회를 살고 있습니다. 직업군이 과거보다 다양해졌지만 대부분의 사람들은 여전히 인기 있는 직업을 선망하고 경쟁합니다. 또한 매스미디어의 발달로 인해서 화려하고 소비지향적인 삶을 동경합니다. 또한 SNS에 비치는 타인의 모습과 나를 비교하며 절망합니다. 그래서인지 미국 플로리다주에서는 14세 미만 어린이들의 SNS 가입 금지 법안이 시행된다고 합니다.

지금은 이렇듯 상대적 불행과 빈곤의 시대입니다. SNS와 같은 강한 자극에 중독되는 경우 뇌에서 도파민이라는 쾌락을 관장하는 호르몬이 분비되는데, 이때 호르몬 분비가 끝나면 쾌락이 사라지고 대신에 고통이 가중됩니다. 애나 램키 《도파민네이션》참조 더욱이 쾌락의 지속시간은 짧아지고 갈구하는 자극의 강도는 높아져서 결국 큰 고통에 시달리게 됩니다. 멀리 있는 보상보다 당장 얻을 수 있는 보상에 집착하는 성향이 나타납니다. 즉 삶이 힘들어질 수록 더 강한 자극을 찾게 됩니다. 그만큼 더 피폐해지는 거지요.

돈에 허덕이며 사는 사람들일수록 돈을 함부로 쓰기 쉽습니다. 즉 쇼핑 중독에 빠져 있을 가능성이 높습니다. 돈을 아끼고 모아봐야 큰 돈을 마련하기 어렵다고 생각해 당장 쓰고 봅니다. 그러면서 마음속으로는 큰 돈을 벌고 싶어합니다. 이런 모순과 악순환에서 벗어나기 위해서는 어떻게 해야 할까요? 이런 상황에 처한 것을 스스로 인지하는 게 중요합니다. 자신을 객관화해 내가 어떤 상황인지 인지하고, 소비적이고 쾌락적인 삶의 방식을 중단해야 합니다.

사주만큼 나를 객관화시키고 명료하게 이해하는 데에 좋은 수단이 없습니다. 나를 객관화해서 받아들일 때 나의 운명을 바꾸고자 하는 강한 동기와 실행력을 만들어 낼 수 있습니다. 쇼핑에 중독되어 있다면 그 사실을 인정하고 중단해야 합니다. SNS나 게임에 중독되어 있는 경우에도 마찬가지입니다.

참 나를 찾아야 합니다. 내가 어떤 존재로 태어나서 어떤 가치를 추구하는지 사주를 통해서 알아야 합니다. 즉 단순히 길흉화복을 맞추는 수단이 아니라 나를 이해하는 도구로 활용해야 한다는 거지요. 현대사회로 올수록 정보는 늘어나고 자극은 거세지지만 정작 내가 누구인지 아는 데에는 그다지 큰 도움이 되지 않습니다. 이제 나에 집중하고 나를 더 사랑하는 방법으로 사주를 추천 드립니다.

4장

관계가 어려운 사람들을 위한 처방전

나로부터 타인을 이해하기

살다 보면 만나기에 껄끄럽고 불편한 사람을 종종 접하게 됩니다. 마음으로는 피하고 싶은데 그럴수록 자꾸 더 엮이기도 합니다. 친구 관계에서는 그냥 안 만나면 되지만 이런 관계들은 보통 직장과 같은 사회 생활 속에서 발생합니다. 어떤 사람들은 대인 관계에 무신경해서 영향을 덜 받지만, 이와 달리 또 어떤 사람들은 섬세한 성격을 가지고 있어서 관계에서 받는 스트레스가 어마어마합니다.

왜 나에게만 이런 나쁜 인연들이 자꾸 꼬이는 걸까? 이런 의문을 갖고 계신 분들도 분명 있을 겁니다. 내가 만나는 인연도 나의 운명을 이루는 중요한 부분입니다. 사주를 공부하면 나의 인연에 대해서도 새로운 시각을 가질 수 있습니다. 나에게 도움이 되지 않는 해로운 인연이 있다면 과감히 정리해야 합니다. 직장에서 만나는 인연은 정리하기 쉽지 않으니 나를 불편하게 만드는 부분에 대해 솔직하게 말하는 것이 좋습니다. 만나면 마음이 편하고 안생에 도움이 되는 인연도 있습니다. 물론 100% 껄끄럽기만 하거나 전적으로 도움되기만 하는 그런 관계는 없습니다.

어떤 경우에는 나에게 스트레스를 주지만 외려 그로 인해 성장하기도 합니다. 편한 관계는 자꾸 같이 있고 싶게 하고, 그 관계에 안주하게 만들기에 성장을 방해합니다. 그러므로 오히려 불편한 관계를 적극적으로 찾아야 하기도 합니다.

우리는 사주를 통해서 나를 둘러싼 인연에 대해 이해함으로써 나에 대한 올바른 이해의 첫걸음을 내디딜 수 있습니다. 내가 주변에 사람이 많은 인싸의 운명을 타고났는지, 내 주변 사람들이 나에게 도움이 되는지, 또한 그들과 어떻게 엮이게 되는지 등 주변 인연들과 갖게 되는 관계성에 대해 내 사주를 통해 이해할 수 있습니다. 부모, 형제, 배우자, 친구, 직장 상사, 동료, 부하 직원 등 모든 관계에 이를 확장하면서 나 자신에 대한 이해의 폭을 넓힐 수 있습니다. 그러므로 관계가 고민이신 분들은 꼭 사주를 공부하시기 바랍니다.

5장

중요한 결정에 확신을 주는 조언자

공부하는 즐거움

저는 싫증을 잘 내는 편입니다. 공부할 때도 어느 정도 파악되었다고 하면 흥미가 확 가라앉습니다.

하지만 신기하게도 사주 공부에 대한 관심은 좀처럼 꺾이지 않았습니다. 매일매일 나의 삶에서 사주가 어떻게 적용되는지를 탐구하게 되니 싫증날 틈이 없었습니다. 일이 바빠서 책을 들여다 보며 사주 풀이하는 것을 잠시 멈출 때는 있었지만, 사주 공부 자체를 포기한 적은 없었습니다. 이해가 부족한 부분을 더 찾아서 공부하는 가운데 재미가 날로 더했습니다. 책을 읽고 탐구하게 하는 사주 공부는 그 자체로 삶의 낙이었습니다.

공부하다가 잠들면 꿈속에서 사주를 분석하는 경우도 점점 늘어났습니다. 주말에는 도서관에 나가서 사주를 공부했는데, 그러다 보면 직장 생활에서 받는 스트레스도 풀렸습니다. 공부하면 할수록 공부할 내용이 많아지다 보니 시중에 나온 책들과 절판된 책들까지 다 읽고 급기야 논문들까지 찾아 읽고 연구하게 되었습니다.

공부한 내용을 바탕으로 내 사주를 분석하고 다른 사람들의 사주를 분석해서 임상적으로 들어맞는 것을 발견할 때의 쾌감은 이루 말할 수 없을 정도였습니다. 처음에는 이게 너무 신기해서 이 사람 저 사람 사주를 봐주면서 아는 체도 많이 했습니다. 하지만 공부하면 할수록 조심스러워지고 타인의 운명을 보는 것에 대한 책임감이 깊어졌습니다.

물론 어떤 분야라도 좋아하는 공부거리가 생긴다면 삶이 윤택해집니다. 저의 경우는 사주를 통해서 공부하는 즐거움뿐만 아니라 인생 2막을 위한 기반을 마련하게 되었습니다. 제 인생에 있어서 이처럼 고마운 존재가 또 있을까 싶습니다.

자녀를 양육할 때

자녀의 사주를 봐야 하는지에 대해서는 여러 의견이 존재합니다. 사주에 대한 독자분의 이해가 높다면 보는 것을 추천합니다. 하지만 그렇지 못할 경우에는 보지 않느니만 못할 수도 있습니다. 사주를 통해 자녀를 이해하고 자녀의 적성을 찾아서 자녀의 미래를 같이 설계한다면 좋은 경우일 것입니다. 하지만 흔히 말하는 사회적인 성공의 틀에 자녀를 맞추려 한다면 오히려 사주를 보지 않는 것이 더 좋습니다.

제 딸의 경우는 어려서부터 의지가 강하고 스스로 규제하는 힘이 강해서 공부를 하라고 강요할 필요가 없었습니다. 오히려 본인 스스로를 구속하는 경우가 많아서 삶의 여유를 갖는 법을 알려주고 다양한 세상을 경험하도록 하는 데에 더 힘을 써야 했습니다. 심지어 어릴 적 PC방에 데려가서 게임을 같이 하는 등 애엄마의 눈으로는 한심해 보이는 일들도 했습니다. 하지만 이렇게 어려서 경험한 탓인지 지금은 게임 근처에도 가지 않습니다. 이렇게 제가 할 수 있었던 이유는 딸의 사주를 봤을 때 공부하는 열기가 강해서 수水에 해당하는 아빠가 그 열기를 가라앉혀주는 것이 더 좋다는 것을 알았기 때문입니다.

공부가 맞지 않는 아이도 있습니다. 사주 구성상 공부보다는 장사 혹은 사업을 통해서 돈을 버는 게 잘 맞는 경우입니다.

부모 마음으로는 공부를 잘해 좋은 대학을 들어가고 좋은 직장을 다니는 것을 바라겠지만 이는 어디까지나 부모 욕심일 뿐입니다. 아이가 그렇게 태어나지 않았음에도 불구하고 기성 체제에 맞춰서 자녀의 미래를 설계한다면 결국 자녀의 인생에서 가장 중요한 시기에 불필요한 시간 낭비를 하게 되는 것입니다.

친한 친구가 아들의 진로 문제로 상담을 요청해왔습니다. 이 친구는 넉넉하지 못한 가정에서 태어났지만 본인의 노력만으로 사업을 크게 일구었습니다. 본인이 힘들게 성장했기 때문에 본인의 자녀는 좋은 대학을 나와서 안정적으로 살기를 바라는 마음이 컸습니다. 아들의 팔자를 살펴보니, 머리는 좋았지만 흔히 말하는 학교 공부에서는 쉽게 스트레스를 받고 감정적으로 동요되기 쉬운 사주였습니다. 즉 학교 공부보다는 자기가 좋아하는 일을 찾아서 돈을 버는 사업가 혹은 프리랜서 형태가 맞았습니다. 이에 대해서 친구에게도 자세히 알려주었지만 사주를 공부한 적 없는 친구는 이해를 하는 둥 마는 둥 건성으로 받아들이고 그저 어느 대학을 갈 지에만 관심이 있었습니다.

다시 말씀드리지만, 자녀의 사주를 볼 생각이라면 먼저 사주에 대한 이해가 필요합니다. 그렇지 않으면 역술가가 말해주는 단어 하나하나에 휘둘리기 쉽습니다. 이는 결코 바람직하지 않습니다. 비단 자녀뿐만 아니라 나에게 소중한 사람들의 사주를 볼 생각이시라면 먼저 사주에 대해 공부해야 합니다.

건강에 관하여

저는 겉보기와 달리 어려서부터 잔병치레가 많았습니다. 뒤에서 다시 보겠지만 신약하고 관살이 많아서 병약할 수밖에 없었습니다. 게다가 10대 시절에는 용신用神, 나의 사주를 중화시키는 좋은 성분을 충沖, 글자끼리 부딪히는 현상하는 운이라서 잘못하면 사망할 수도 있었습니다. 자주 코피를 쏟고 감기 몸살을 달고 살았지요.

아버지는 심근경색의 합병증으로 돌아가셨습니다. 정丁 일간인 제게 정은 불이고, 신체 중에서는 심장을 상징합니다. 계癸 대운이 시작되는 무렵 저는 운동을 많이 했고 나름 건강하다고 자부하던 시절이었음에도 심장에 큰 무리가 오는 것을 느꼈습니다. (정은 불을 뜻하지만, 계는 비를 뜻합니다. 따라서 정은 계를 보면 충극을 당해서 위태롭게 됩니다. 즉 심장이 꺼질 수도 있는 상태입니다) 평지를 걷는 와중에도 심장을 조여오는 고통을 느껴서 이대로 죽을 수도 있겠다는 생각이 들었습니다. 40대 중반 아직 한창인 나이에 겉으로는 너무도 멀쩡한 상황인데 심장에 고통이 오다니. 가족들이 걱정할까 봐 제대로 말도 못했습니다. 병원에 가면 스탠트 시술 같은 것을 하자고 할 것이 분명했습니다.

저는 병원에 가지 않고 버텼습니다. 왜냐하면 계축癸丑대운 다음에 갑인甲寅 대운사주팔자와 별도로 10년간을 좌우하는 운이 시작되기에 이 시기가 되면 정丁인 심장이 목木의 도움을 받아서 불이 크게 살아난다는 것을 알고 있었기 때문입니다. 하지만 대운은 길기에 심장의 고통은 몇년간 계속 되었습니다. 가족 몰래 아스피린도 복용하면서 버텼지만 이 기간 중에는 나아지지 않았습니다. 그러다가 계축 대운이 끝나가고 갑인 대운이 다가오면서 심장의 통증은 신기할 정도로 곧장 사라졌습니다.

게다가 2023년에는 산티아고 순례길에 올라서 800km 코스를 28일만에 완주하기도 했습니다. 어떤 날은 하루에 50km 가까이 걷기도 하면서 보통 32~33일에 완주하는 코스를 남들보다 훨씬 더 빠르게 끝낸 것입니다.

이렇듯 사주는 우리의 건강조차 좌우합니다. 이는 신체적인 건강뿐만 아니고 정신적인 건강까지도 포함합니다. 물론 아플 때에 병원을 찾는 것은 잘못된 것이 아닙니다. 하지만 사주를 통해서 나의 밸런스를 이해하고 그에 맞는 생활 습관을 가지면 더 쉽고 적절하게 건강을 관리할 수 있습니다.

PART 02

사주란 무엇인가

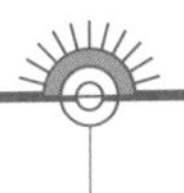

(1장)

사주명리학의 기초

앞에서 왜 사주를 공부해야 하고 어떤 마음가짐으로 공부해야 하는지 살펴봤습니다. 이제부터 본격적으로 사주를 구성하는 요소들에 대해서 학습할 차례입니다. 이는 사주의 기초에 해당합니다. 모든 학문이 다 그렇듯이 배움에 있어서는 기초가 가장 중요합니다. 기초를 확고히 다져야 뒤에 나오는 응용 부분도 자유롭게 다루실 수 있습니다.

음양론

사주는 음양오행에서 나왔습니다. 역학易學에서의 역易은 바꾼다는 의미인데, 이는 곧 음양의 작용에 의해 만물이 변화하는 것을 가리킵니다. 양+이란 전기의 양+극처럼 밝고, 나아가고, 상승하는 에너지를 뜻하고, 음-이란 전기의 음-극처럼 어둡고, 수렴하고, 하강하는 에너지를 뜻합니다. 양과 음은 서로 합하는 성질을 가지고 있습니다. 전기도 양극과 음극이 그러하듯이 자석의 경우도 북N극과 남S극이 서로 끌어당깁니다. 암수가 짝을 짓는 것처럼 양과 음의 기운은 서로 합하여 하나가 되려고 하는 성향이 있습니다.

양陽, 햇볕	하늘天	태양日	좌左	위上	명明	장長	온溫	남자男
음陰, 그늘	땅地	달月	우右	아래下	암暗	단短	냉冷	여자女

▲ [표1] **음양의 특성**

현대 물리학에서는 태초의 무無에서 빅뱅을 통한 양 운동의 시작으로 우주가 생성되었다고 말합니다. 즉 아무것도 없는 세계에서 하나의 양이 태어나면서 변화가 시작되었습니다. 놀랍게도 과학물리학과 역학의 관점이 유사합니다. 양과 음은 계속 분화를 하게 되는데 양에서 음이 하나 생겨나면 소음少陰이 되고 음에서 양이 하나 생겨나면 소양少陽이 됩니다. 순서로 보면 양 〉 소음 〉 소양 〉 음 입니다.

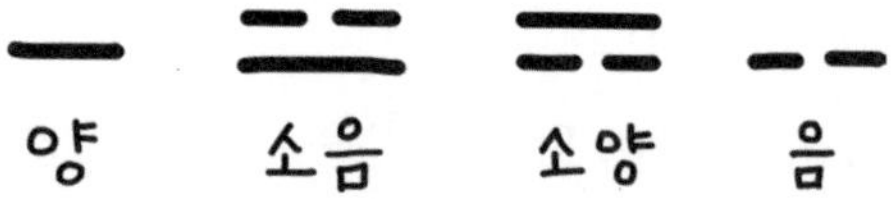

양 소음 소양 음

그림1 음양에서 사상으로 분화

태양인, 태음인이라고 들어보셨을 겁니다. 태양, 소음, 소양, 태음은 우리가 역사책에서 배웠던 이제마 선생의 사상의학의 기초이기도 합니다. 사상四像에서 한번 더 분화하면 《주역周易》의 8괘건乾 태兌 리離 진震 손巽 감坎 간艮 곤坤가 됩니다. 태극기의 건곤감리가 바로 8괘 중 4괘에 해당합니다.

《주역》은 중국 송나라의 유학자 주희1130~1200, 즉 주자가 쓴 주역본의를 뜻합니다. 하도와 낙서 그림이 첫 장에 수록되어 있습니다. 주역 계사전에서는 이에 대해 다음과 같이 말합니다.

"하수에서 그림이 나오고 낙수에서 글씨가 나와서 성인이 그것을 법도로 삼았다. 하늘 1, 땅 2, 하늘 3, 땅 4, 하늘 5, 땅 6, 하늘 7, 땅 8, 하늘 9, 땅 10으로 이루어져 있다. 하늘의 수가 다섯이요, 땅의 수가 다섯이니, 다섯 방위가 서로 위치를 얻어 각각 합하면 하늘의 수는 25요, 땅의 수는 30이다. 무릇 하늘과 땅의 수가 55이니 이것이 변화를 생성하고 귀신을 움직이는 방법이다."

음양은 이미 표에서 설명 드린 것처럼 양 에너지는 밝고 하늘로 올라가고 음 에너지는 어둡고 땅으로 내려오는 성질을 가지고 있습니다. 따뜻하고 밝은 불화火이 양을 뜻하고 차갑고 어두운 물수水은 음을 뜻합니다. 그리고 불에서 음이 하나 더해져서 나무목木가 되고 물에서 양이 하나 더해져 열매금金가 됩니다. 그 사이에 흙토土이 있어서 환절기와 같이 계절의 변화를 이어줍니다. 음과 양 에너지 변화에서 목화토금수木火土金水 오행이 나타났습니다. 현대에 와서 물질의 근본이 양에너지를 가진 원자와 음에너지를 가진 전자 그리고 중간적인 성질을 가진 중성자로 이루어진 것이 밝혀졌듯이 역학은 현대 과학과도 연결되는 부분이 많습니다.

생명 순환의 관점

모든 물질은 음양의 운동에 의해서 태어났고 그 결과 목화토금수 오행으로 분화했다는 것을 앞서 설명 드렸습니다. 목화토금수의 생명은 봄에 탄생해서 나무가 자라고 여름에 꽃이 활짝 피고 가을에 열매를 맺고 겨울에 다시 죽음으로 돌아가게 됩니다. 인간을 포함하여 지구상에 존재하는 모든 생명은 이러한 순환의 숙명을 피해갈 수 없습니다. 사주에서는 생명이 자라 아름다운 꽃을 피우고 좋은 열매를 맺을 수 있는지를 중요하게 봅니다. 비 한 방울 내리지 않는 뜨거운 사막에서는 생명이 잘 자라기 어렵지요. 적절하게 태양도 비추고 비도 내리고 온도와 습도도 적당해야 생명이 번성할 수 있습니다. 사주의 생김새가 좋은 열매를 맺을 수 있는 모양인지 판단하고 어느 때에 결실을 맺을 수 있는지 시기를 봅니다. 어떤 사주는 사막같이 어려운 환경에서 태어났음에도 비가 오는 때를 만나 아름다운 꽃을 피울 수 있고 어떤 사주는 좋은 땅에 좋은 씨앗이 뿌려졌지만 비를 만나지 못해서 크게 성장하지 못하는 경우도 있습니다.

사람의 인생을 생명론적인 관점에서 분석하고 이를 통해 사람의 미래를 예측하는 학문이 사주명리학입니다. 생명론을 기반으로 21세기에도 여전히 높은 적중률로 수많은 사람들에게 사랑을 받고 있는 학문입니다. 특히 《궁통보감》난강망이 생명론에 기반해 사주 해석 방법론을 제시하는데, 어떤 분들은 생명론에 너무 편중되어 있다는 이유로 인정하지 않기도 합니다.

사주의 구성

영어권에서는 사주를 운명의 네 기둥Four Pillars of Destiny이라고 번역합니다. 사주는 실제로 연의 기둥, 월의 기둥, 일의 기둥, 시의 기둥 등 총 네 개로 이루어져 있습니다. 순서는 오른쪽부터 년월일시 순으로 적게 됩니다. 각 기둥은 2개의 글자로 이루어져 모두 8개의 글자, 즉 팔자八字가 됩니다. 여덟 개의 글자대로 삶이 좌지우지되니 사람들이 팔자 타령을 하는 겁니다. 팔자가 좋은 사람은 여덟 글자가 서로 조화롭게 구성되어서 좋은 결실을 맺기 때문에 행복한 인생을 삽니다. 어떤 사람은 여덟 글자가 서로 싸우고 조화롭지 않아서 무슨 일을 하든 어렵기만 하고 인생이 잘 풀리지 않습니다.

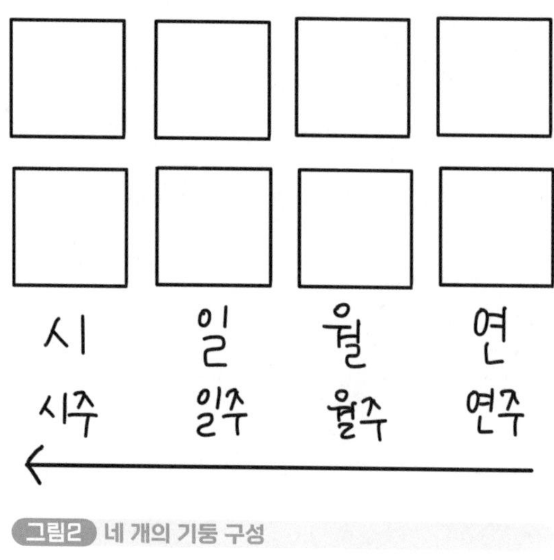

그림2 네 개의 기둥 구성

오래전 당나라 시대에는 태어난 연도를 기준으로 사주를 보았습니다. 그때의 사주를 고법古法 사주라고 하는데, 여기서는 연주의 납음오행納音五行, 60갑자를 오행으로 분류한 방식을 사주의 기준으로 잡고, 연월일시 대신 태월잉태한 월월일시의 사주를 사용했습니다. 오늘날에도 띠를 기준으로 사람 사이의 궁합을 따지는 풍습이 남아 있습니다. 네 살 차이면 궁합도 보지 않는다든지 무슨 띠와 무슨 띠가 좋다더라 하는 식으로 그 흔적이 남아있습니다.

지금 우리가 보고 있는 현대적인 사주의 구성과 관법은 명나라 때에 서자평 선생이 수립했습니다. 이를 가리켜 (고법에 대비해) 신법新法 사주라고 하는데, 연지가 아니라 일간 중심으로 보는 방식입니다. 이때부터 연월일시의 사주를 사용했습니다. 서자평 선생의 이름을 따서 자평명리학이라고도 합니다. 자평子平이라는 것은 물이 그릇에 넘치지 않고 찰랑찰랑 균형을 맞춘 모습을 뜻합니다. 이미 그 이름에서부터 사주의 기운이 치우치지 않고 균형이 맞는 것을 최고의 덕목으로 생각한 선생의 사주 철학이 잘 드러납니다.

사주의 계절성

사주를 생명으로 바라봤을 때 언제 잘 자라는지를 알려면 생명이 태어난 계절을 살펴보는 것이 무엇보다 중요합니다. 온도와 습도가 적절한 시기에 태어난 사람은 기본적으로 생명이 잘 자랄 수 있는 환경에서 태어난 것입니다. 추운 겨울이나 뜨거운 여름은 생명이 자라기 어려운 환경입니다. 따라서 계절성을 나타내는 지표로서 몇 월에 태어났느냐가 중요합니다. 태어난 월이 정해지면 봄, 여름, 가을, 겨울 중에서 어떤 계절인지를 알 수 있습니다. 여름에 태어난 사람은 사주가 뜨겁고 추운 겨울에 태어난 사람은 차갑습니다. 월 다음으로는 하루 중에 몇 시에 태어났느냐도 중요합니다. 겨울에 태어났다고 하더라도 햇빛이 따스한 낮에 태어난 사람과 추운 밤에 태어난 사람의 운명은 차이가 많이 납니다. 영향력의 측면에서 볼 때, 월의 비중이 가장 크고 그 다음 태어난 시각, 이어서 태어난 날짜, 그리고 마지막으로 태어난 연도 순입니다.

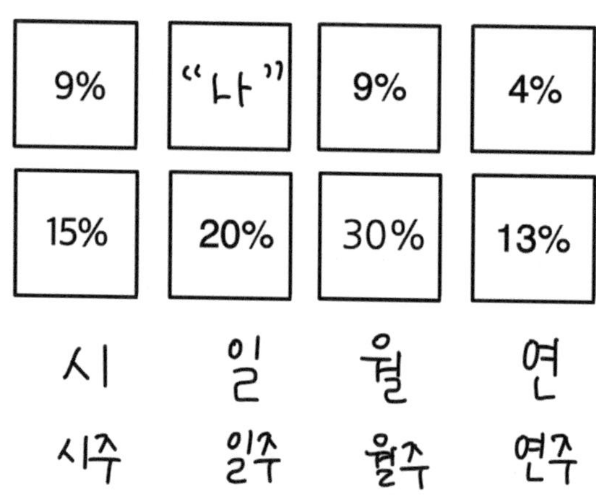

그림3 사주 자리별 힘의 강도

위의 그림추일호, <합충의 특비>(청연), 70쪽은 각 글자 위치에 따라 어느 정도의 영향력이 작용하는지 대략의 비중을 표시하고 있습니다. 만약 내 사주의 월 기둥의 아래쪽월지月支에 어떤 글자가 있다면 이 글자가 가장 큰 영향력을 끼치고 있다고 보시면 됩니다. 월에 화火를 상징하는 글자가 있다면 내 사주에서 화가 주도적인 역할을 합니다. 월뿐만 아니라 다른 위치에까지도 화가 추가로 있다면 영향력이 훨씬 더 크겠지요.

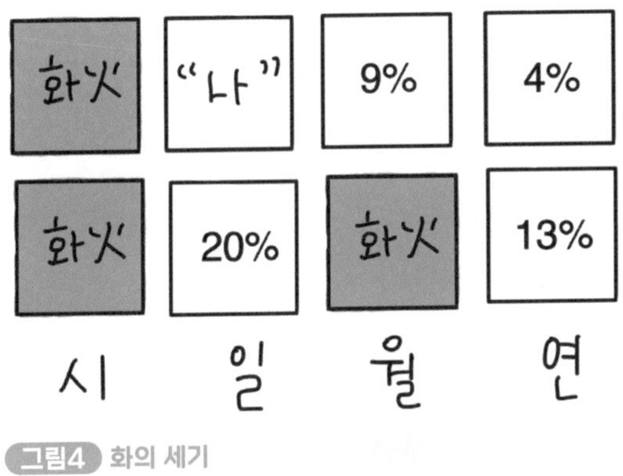

그림4 화의 세기

화火가 월뿐만 아니라 시에도 있어서 대략적으로 보자면 54%(=30%+15%+9%) 이상이 화 기운으로 쏠려 있는 사주입니다. 화는 불을 뜻해서 사주가 매우 뜨겁습니다. 지금까지 알려드린 생명론을 기반으로 생각하면 뜨거우니 식혀야겠다는 생각이 들지 않나요? 즉 수水가 필요한 사주라는 것입니다. 이 사주에 수가 튼튼하게 자리잡고 있으면 성장하겠지만 수가 없거나 부족하면 발달할 수 없습니다. 다음으로 사주의 구성 요소인 오행에 대해서 알아보도록 하겠습니다.

사주의 해석

사주 기둥마다 각각 시기적으로 상징하는 부분이 있습니다. 근묘화실根苗花實이라고 뿌리가 생기고 싹이 자라며 꽃이 피고 열매를 맺는 생명에 비유해서 이를 각각 연주, 월주, 일주, 시주에 배당합니다. 각 주마다 15년의 운을 나타냅니다. 최근에는 평균 수명이 늘어나면서 최대 18년까지 점차로 늘어나는 추세입니다.

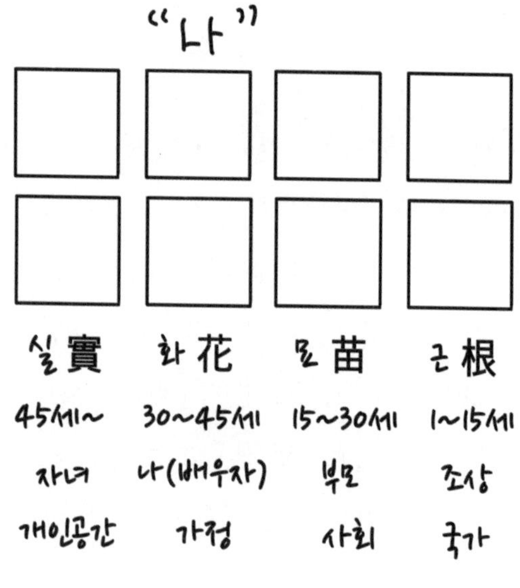

그림5 근묘화실

연주에 나에게 좋은 글자가 있으면 조상덕이 있다고 해석할 수 있고 시기적으로는 초년에 운이 좋다고 해석합니다. 시주에 나쁜 글자가 있으면 자녀의 운이 좋지 않고 시기적으로는 말년이 좋지 않다고 봅니다. 월주를 통해서 이동하는 운이 온다면 사회적인 영향 때문에 이동이 생긴다고 판단합니다.

보통 연주와 월주를 하나로 묶고 일주와 시주를 하나로 묶어서 크게 둘로 구분합니다. 연주와 월주가 왼쪽, 일주와 시주가 오른쪽을 뜻하기도 합니다. 가령 연주와 월주에 나를 아프게 하는 글자가 있으면 내 몸의 왼쪽에서 이상이 생길 수 있음을 암시합니다.

천간과 지지

이제 세부적으로 각 위치에 따른 의미를 배워보도록 하겠습니다.

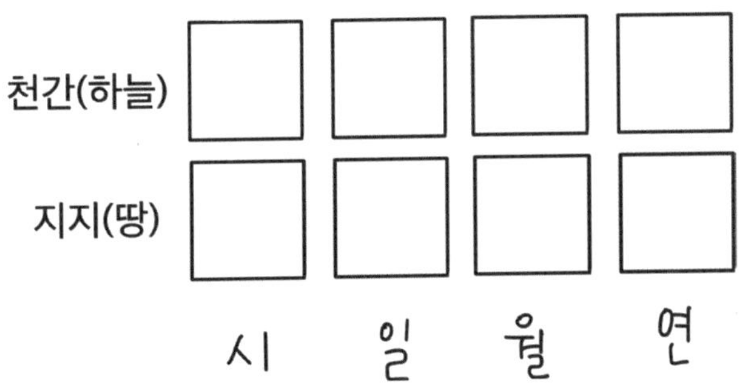

그림6 사주 기본 구성

사주의 팔자 가운데 위에 있는 글자들은 하늘의 글자로서 천간天干, heavenly stems이라고 부르고, 아래에 있는 글자들은 땅의 글자로서 지지地支, earthly branches라고 부릅니다. 천간과 지지를 줄여서 간지干支라고 부르기도 합니다. 여덟 개의 글자들은 각기 그 위치에 따라 구분하여 이름을 부릅니다. 규칙은 간단합니다. 연 기둥에 있는 하늘의 글자는 연간年干이라고 부릅니다. 시 기둥에 있는 땅의 글자는 시지時支라고 부릅니다. 여덟 글자의 고유한 위치에 따른 호칭이 정해지기에 빠르고 간단하게 어디 있는 글자인지 알아챌 수 있습니다.

앞서 사주의 계절성 중에 월이 가장 중요하다고 말씀드렸는데요. 다르게 표현하면 월지月支가 가장 강하다는 것입니다. 다음으로는 시지時支가 강하고, 이어서 일지日支, 마지막으로 연지年支 순입니다. 하늘의 글자인 천간까지 포함하면 그 다음으로 시간時干이 강하고, 월간月干은 그보다 약하며, 연간年干이 가장 약합니다. 여기서 이야기 안 한 위치가 있는데요. 그것은 일간日干입니다. 일간은 사주의 주체, 즉 '나'를 뜻합니다.

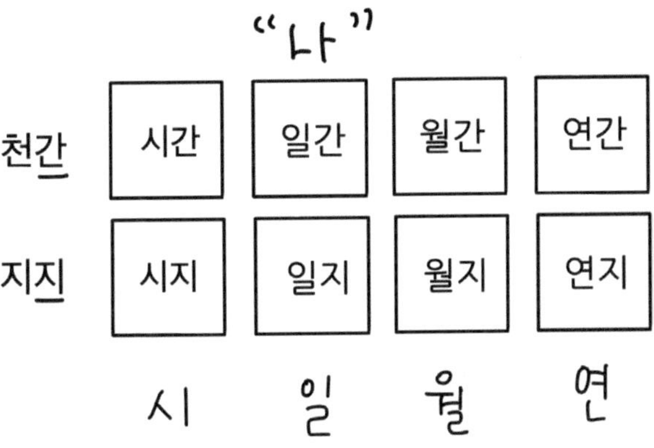

그림7 사주 위치별 이름

우리는 앞으로 일간인 '나'를 중심으로 사주의 어느 위치에 무슨 글자가 있고 글자들끼리 서로 어떻게 돕고 싸우고 있는지를 배우게 될 것입니다. 인생을 살면서 어떤 글자(글자가 상징하는 인연)를 만나고 무슨 글자를 이용해서 살 수 있는지를 알게 됩니다. 이것이야말로 사주를 이해하는 처음이자 끝입니다.

먼저 천간과 지지의 기본적인 특성을 살펴보도록 하겠습니다. 하늘이라는 것은 눈에 보이지 않는 에너지의 세계를 뜻합니다. 땅이라는 것은 우리가 보고 느끼는 지구상의 물질 세계를 뜻합니다. 하늘을 정신에 비유하고, 땅을 육체에 비유하기도 합니다. 육체는 홀로 존재할 수 있지만, 정신은 육체가 없으면 그 실체가 희미해집니다. 반대로 정신과 육체가 단단히 이어지면 큰 힘을 낼 수 있습니다. 하늘은 지도자와 같고 땅은 지도자를 따르는 무리와 같습니다. 지도자가 아무리 뛰어나도 따르는 사람이 없으면 허무할 뿐이고 지도자 없이 무리들만 있으면 어디로 갈 지 모르는 양떼와 같습니다. 그러므로 하늘과 땅이 서로 이끌고 도와주는 관계가 되어야 사주가 아름답게 됩니다.

2장

오행론

앞서 사주는 음양에서 출발했고 계절성이 중요하다는 것을 배웠습니다. 이제 음양과 계절성을 오행이라는 상징으로 바꿔서 이해하는 법을 배우겠습니다. 오행도 결국 음양과 계절성을 나타내는 수단이니 기호 자체보다 속에 담긴 의미를 더 주목해야 합니다.

오행의 분화

음양에서 사상으로 분화했는데요. 사상四像은 태양太陽, 소음少陰, 소양少陽, 태음太陰입니다. 중간에 양과 음의 큰 변화를 완충하는 환절기가 있습니다. 따라서 봄, 여름, 가을, 겨울의 사계절이지만 환절기를 포함해서 다섯 계절 즉 오행이 됩니다.

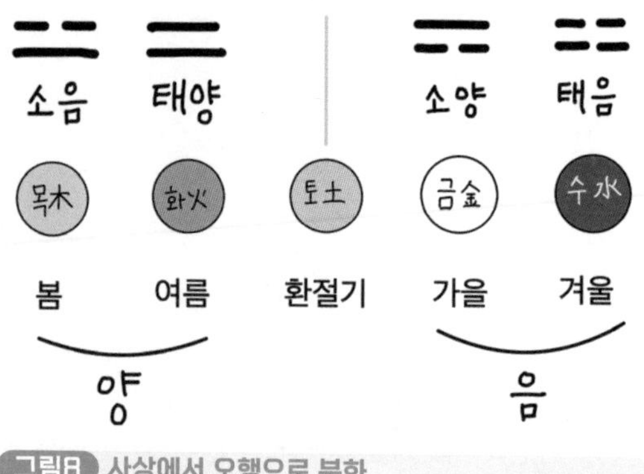

그림8 사상에서 오행으로 분화

하늘에서는 양과 음을 나누는 중앙에 토환절기가 있지만 땅에서는 각 계절마다 토가 있는 점이 다릅니다. 토는 각 계절마다 완충 작용을 하기 때문에 어느 쪽에 치우침이 없습니다.

목木, Wood

목木은 글자 그대로 나무를 가리킵니다. 나무처럼 위로 상승하며 뻗어 나가려고 하는 성질이 있습니다. 따라서 새로 만들어내는 것과 관련이 많습니다. 계절로는 봄을 뜻합니다. 겨울에 언 땅을 나무가 뚫고 나와서 자라는 모습을 상상하시면 됩니다. 또한 어진 성품을 나타내기도 합니다. 방위로는 동쪽을 뜻합니다. 동대문이 동쪽에 있어서 인仁, 어질 인을 관장한다고 흥인지문이라고 불렀습니다. 숫자로는 3, 8을 상징합니다. 색깔로는 초록색, 푸른색을 상징합니다. 인체에서는 간, 담, 모발, 머리 등을 상징합니다. 또한 신맛을 뜻합니다.

- 초봄의 목木은 병丙 태양을 좋아합니다.
- 여름의 목은 계癸 비를 좋아합니다.
- 가을의 목은 결실을 맺기 위해서 태양을 필요로 합니다.
- 봄 여름의 토는 목을 키우지만 가을 겨울의 토는 키우지 못합니다.
- 겨울의 수水는 목을 키우기에 너무 차갑습니다.
- 수는 목을 생하지만 너무 많으면 물에 뜹니다.

화火, Fire

화火는 불을 가리킵니다. 불은 뜨거워서 위로 상승하는 성질이 있습니다. 생명체로서는 활짝 핀 꽃을 뜻합니다. 나무가 있으면 불이 더 잘 탑니다. 계절로는 여름을 뜻합니다. 겉으로 보이는 예절을 뜻하기도 합니다. 방위로는 남쪽입니다. 남대문이 남쪽에 있기에 예禮, 예절를 떠받친다고 해서 숭례문이라고 불렀습니다. 숫자로는 2, 7을 상징합니다. 색깔로는 붉은색을 상징합니다. 인체에서는 심장, 시력 등에 해당합니다. 또한 미각으로는 쓴맛을 뜻합니다.

- 봄의 화火는 목木의 생生을 받으면 좋지만 과하면 좋지 않습니다.
- 수水가 있어 화를 조절하면 좋으나 과하면 좋지 않습니다.
- 봄에는 금金이 약해서 금이 많아도 흉이 없습니다.
- 여름의 화는 강해서 수의 조절을 만나야 합니다.
- 여름의 화는 금이 강하면 큰 부자가 됩니다.
- 가을의 화는 힘이 없으니 목의 도움을 받아야 합니다.
- 겨울의 화는 토土가 있어서 수를 막고 목의 도움을 필요로 합니다.

토土, Earth

토土는 땅을 가리킵니다. 땅은 계절의 중간에 놓인 환절기를 뜻합니다. 특정 계절에 속하지 않고 변화의 충격을 줄여주는 중간자적인 성격입니다. 따라서 사계절이 변화하는 시기에 존재합니다. 방위로는 중앙 지대를 뜻합니다. 보신각은 사대문 중앙에 위치해 신信, 신뢰을 지키는 장소라는 뜻입니다. 숫자로는 5, 10을 상징합니다. 색깔로는 황색입니다. 신체로는 위장, 복부 등에 해당합니다. 또한 미각으로는 단맛을 뜻합니다.

- 토土는 윤습輪濕, 물이 스며듦해야 만물을 키울 수 있기에 비를 좋아합니다.
- 봄의 토는 기세가 약해서 화火의 도움이 필요합니다.
- 여름의 토는 화가 강하여 덥고 건조하니 수水가 필요합니다.
- 가을의 토는 금金이 성하여 설기泄氣, 에너지를 빼는 작용가 심하니 화가 필요합니다.
- 겨울의 토는 추우니 태양을 좋아합니다.

금金, Metal

금金은 금속, 바위, 그리고 열매를 뜻합니다. 단단하다고 하는 특성을 가지고 있습니다. 계절로는 가을을 상징합니다. 색깔로는 흰색을 뜻합니다. 여름에 핀 꽃이 지고 단단한 열매가 맺히는 것을 뜻합니다. 방위로는 서쪽을 상징합니다. 서대문은 서쪽에 있으면서 의義, 의로움를 두텁게 한다고 하여 돈의문이라고 불렀습니다. 숫자로는 4, 9를 상징하고, 신체 중에서는 폐, 골격, 피부를 상징합니다. 또한 미각으로는 매운맛을 뜻합니다.

- 금金은 화火의 제련이 있어야 좋은 기물器物, 물건/그릇이 됩니다.
- 봄의 금은 한기가 남아 있어서 화가 필요하고, 또한 허약해서 토土의 도움이 필요합니다.
- 여름의 금은 허약해서 토의 도움이 필요하며, 뜨겁고 건조해서 습토의 도움이 필요합니다.
- 가을의 금은 왕하니자기 계절을 만남 화로 제련하거나 수水로 설기해야 합니다.
- 겨울의 금은 추워서 화토火土를 좋아합니다.

| 수水, Water

수水는 물을 가리킵니다. 계절로는 추운 겨울을 뜻합니다. 색깔로는 흑색입니다. 가을에 맺은 열매가 땅으로 떨어져 소멸하는 것을 뜻합니다. 또한 수는 지혜를 상징하는 글자입니다. 방위로는 북쪽을 상징합니다. 북쪽에 위치한 북대문은 지혜智를 드러내지 않는다고 하여 숙정문肅靖門이라 불렀습니다. 숫자로는 1, 6이며 신체로는 비뇨기 계통, 혈액 등에 해당합니다. 또한 미각으로는 짠맛을 뜻합니다.

- 수水는 혼탁해지는 것을 싫어합니다.
- 봄의 수는 다시 수를 만나면 토土 제방이 필요합니다.
- 여름의 수는 만물을 적셔주기에 금金의 생을 받으면 아주 좋습니다.
- 가을의 수는 강한 금의 생을 받아 힘이 강해서 충분히 목을 키울 수 있습니다.
- 겨울의 수는 매우 추운 성질이라서 다시 수를 만나면 좋지 않고 목화토木火土를 만나야 합니다.

음양오행의 분화

오행, 즉 목화토금수 역시 음양으로 나뉘게 됩니다. 목은 양목과 음목, 화는 양화와 음화, 토는 양토와 음토, 금은 양금과 음금, 수는 양수와 음수 등 총 10개로 분화합니다. 양목은 갑甲, 음목은 을乙, 양화는 병丙, 음화는 정丁, 양토는 무戊, 음토는 기己, 양금은 경庚, 음금은 신辛, 양수는 임壬, 음수는 계癸로 칭합니다. 갑을병정무기경신임계 등 총 열 개입니다. 이렇게 열 개의 글자가 하늘을 구성하는 반면, 땅에서는 열두 개의 글자로 구성됩니다. 땅에서 양목은 인寅, 음목은 묘卯, 양화는 사巳, 음화는 오午, 양토는 진술辰戌, 음토는 축미丑未, 양금은 신申, 음금은 유酉, 양수는 해亥, 음수는 자子가 됩니다. 땅에서는 4계절마다 환절기가 필요하게 되어 각각 두 자로 이루어진 토의 글자가 더해져서 12글자가 됩니다.

오행	양/음 구분	천간하늘	지지땅
목木	양목	갑甲	인寅
	음목	을乙	묘卯
화火	양화	병丙	사巳
	음화	정丁	오午
토土	양토	무戊	진술辰戌
	음토	기己	축미丑未
금金	양금	경庚	신申
	음금	신辛	유酉
수水	양수	임壬	해亥
	음수	계癸	자子

▲ [표2] **천간 지지 음양 오행표**

하늘의 글자 10개와 땅의 글자 12개, 즉 총 22개의 글자는 사주를 구성하는 핵심 표기이니 암기해야 합니다. 사주 공부할 때 한자 때문에 장애가 되는 경우가 많은데요. 종종 한자로만 표기되기도 해서 젊은 층에게는 어느 정도 진입장벽이 있습니다. 한자가 익숙하지 않다면 처음에는 한글의 음으로 외우고 익혀도 무방합니다. 가령 갑甲이라는 글자는 양목을 뜻하기 때문에 한자를 쓰던 한글을 쓰던 그 의미가 똑같습니다. 이 책에서는 한자와 한글을 병기해 독자분들이 읽고 이해하는데 어려움이 없도록 배려했습니다.

오행의 상생相生

이어서 목화토금수 오행의 변화에 대해서 알아보겠습니다. 상생相生과 상극相剋, 즉 서로 돕는 관계인지 아니면 서로 이기는 관계인지 알아보는 것입니다. 사주라는 것은 여덟 글자 간의 관계를 이해하는 학문입니다. 따라서 글자들끼리 어떤 관계가 있는지 알아야 하는데요. 상생과 상극이 오행 변화의 핵심입니다.

봄에 나무木가 자라고 여름에 꽃火이 피고 가을에 열매金가 맺히며 겨울에는 다시 죽음水으로 돌아갑니다. 또한 계절의 사이에 환절기土가 있어서 중간자 역할을 합니다.

이걸 순서대로 보면, 목 다음에 화가 오고 화 다음에 토가 오며 토 다음에 금이 오고 금 다음에 수가 옵니다. 앞 글자 다음에 뒤 글자가 오는 것은 곧 앞 글자가 뒤 글자를 낳은 것입니다. 이것을 날 생生자를 써서 생의 관계라고 합니다. 불火에 나무木를 넣으면 불이 더 잘 탑니다. 나무는 불을 생生한다라고 표현합니다. 목생화木生火입니다. 불이 다 타면 재가 되어 흙이 됩니다. 화생토火生土입니다. 흙속에서는 단단한 바위가 나옵니다. 토생금土生金입니다. 산속 바위 틈으로 물이 졸졸 흐릅니다. 금생수金生水입니다. 물이 있으면 나무가 더 잘 자라니 수생목水生木입니다.

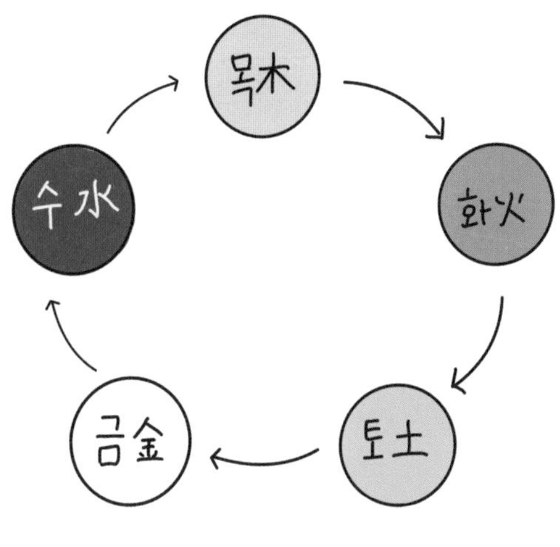

그림9 오행 상생도

그런데 서로 생生하는 관계가 항상 좋은 것은 아닙니다. 예를 들어 나무가 힘이 약할 때 물이 있어서 나무를 도와주면 좋은 관계가 되지만 나무가 힘이 넘칠 때는 물이 필요 없습니다. 나무가 힘이 넘칠 때는 불을 낳도록 해서 나무의 힘을 빼주는 것이 좋습니다. 어머니가 자녀를 출산하는 것처럼 낳는 것은 많은 에너지를 필요로 합니다. 에너지를 뺀다는 것을 한자로는 설기泄氣라고 합니다. 전기가 누설漏泄된다고 할 때의 그 설입니다. 생하는 입장에서는 기운이 빠진다는 것을 꼭 기억해야 합니다.

오행의 상극相克

오행 사이에도 이기는 관계가 존재합니다. 이것을 이길 극剋 자를 써서 극의 관계라고 합니다. 물水은 불火을 끕니다. 수극화 水剋火입니다. 불火은 금속金을 녹입니다. 화극금火剋金입니다. 금속 金은 나무木를 벱니다. 금극목金剋木입니다. 나무木는 땅土에 뿌리를 내리고 자랍니다. 목극토木剋土입니다. 땅土은 제방이 되어 물水이 넘치지 않게 합니다. 토극수土剋水입니다.

수水는 계절 중에서 겨울을 상징하며, 화火의 계절인 여름을 방해합니다. 겨울이 오면 꽃이 필 수 없습니다. 금金은 가을을 상징하며, 나무木의 계절인 봄을 방해합니다. 가을이 되면 나무의 싹이 자랄 수 없습니다. 화火는 여름을 상징하며, 꽃이 무성하면 아직 열매金가 맺지 못합니다. 토土는 환절기로서 모든 계절의 기운이 다음 계절로 넘어가지 못하게 막는 역할을 합니다. 이것을 그림으로 그리면 아래와 같습니다.

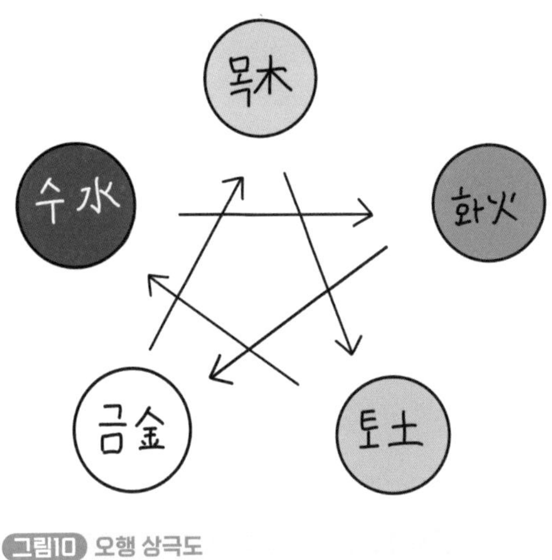

그림10 오행 상극도

서로 극剋하는 관계가 항상 나쁜 것은 아닙니다. 새로운 계절이 되기 위해서는 이전 계절의 기운을 이겨야 하기 때문입니다. 예를 들어 나무木의 기운이 너무 강할 때는 불火을 낳음으로써 기운을 뺄 수도 있지만 도끼같은 금속金으로 나무를 베어서 기운을 누를 수도 있습니다. 사주에서 특정 오행이 많은 경우, 이기는 오행의 글자를 이용해서 제압하면 좋습니다. 생하고 극하는 관계는 근본적인 이치만 이해하시면 쉽게 외울 수 있습니다. 오행 사이의 관계는 사주를 해석하는 데 기본적이면서도 강력한 방법이기에 가능한 한 빠르게 익혀야 합니다.

3장

십성론

십성十星은 육친六親이라고도 하며, 나를 둘러싼 인간 관계를 뜻합니다. 육친은 가족관계에 더 중점을 둔 표현이고 십성은 그 이상의 개념을 포괄합니다. 십신十神 혹은 육신六神이라고도 합니다.

십성의 기초

내가 나무木인데 목의 계절인 봄에 태어나면 목의 기운이 강합니다. 목이 시간時干, 시 기둥의 위쪽에 하나 더 있고, 시지時支, 시 기둥의 아래쪽에 물水이 있어서 나무를 도와주고 있으니 나무의 기운이 아주 강력합니다. 나무 옆에 불火이 있어서 불을 잘 타게 하니 불도 강합니다. 불은 옆에 흙土을 생하고 있네요. 천간天干에 네 글자를 보면 목이 불을 생하고 불이 흙을 생하는 구조로 되어 있습니다. 생하는 순서대로 있으니 구조가 좋습니다.

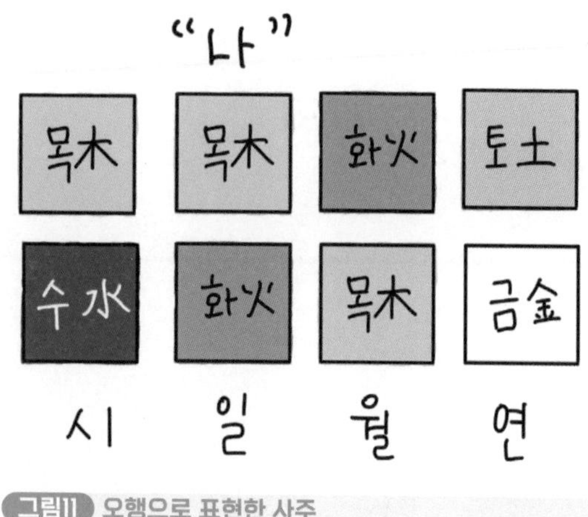

그림11 오행으로 표현한 사주

지지地支를 보면, 물水이 불火을 극剋하고 금金은 목木을 극합니다. 지지에서는 물과 금에 의해서 강한 목과 불의 기운이 조금 감소합니다. 오행으로만 표시된 사주를 보고도 이 사주의 이야기를 풀어낼 수 있습니다.

이 사주의 주인공은 봄에 태어난 나무木라서 나무와 같이 성품이 어진 분입니다. 나무처럼 새로운 것을 만들고, 기획하는 일을 좋아하고 본인의 에너지를 이용해서 불火을 만들어내는 능력을 가졌습니다. 불은 밝아서 내 능력이 다른 사람도 볼 수 있게 환히 드러납니다. 불의 기운은 흙으로 모이며 결실을 얻습니다. 나무를 돕는 물도 있고 나무를 베는 금속도 있어서 목의 강한 기운이 균형 있게 맞춰집니다.

위에서 말한 것처럼, 오행 만으로도 사주를 잘 풀어낼 수 있습니다. 하지만 여기서 우리가 고려하지 않은 것이 하나 있습니다. 바로 음양입니다. 모든 오행은 음양으로 구분된다고 앞서 배웠습니다. 오행 이전에 음양에 따른 특성의 차이가 있으니 이를 고려하면 더 정확하게 사주를 풀 수 있습니다.

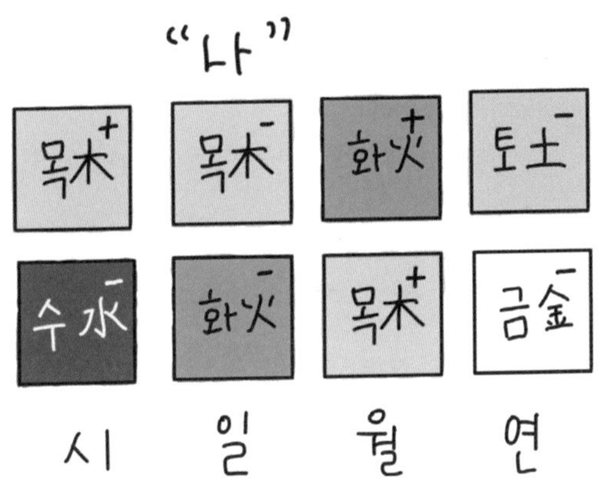

그림12 음양오행으로 표현한 사주

이제 오행에 음양을 더해서 더 세밀하게 구분하는 법을 배워보겠습니다. 생년월일시를 만세력 어플에 입력하면 음양을 구분한 오행으로 표시되어 나옵니다. 다섯 개의 오행에 음양을 더했기에 열 개의 성분이 됩니다. 이것을 십성十星이라고 부릅니다. 혹은 십신十神이라고도 부릅니다.

십성은 고유한 이름을 가지고 있습니다. 앞에서 천간과 지지에 따른 음양오행의 이름을 배웠는데요. 그런데 왜 또 10개의 이름이 생긴 걸까요? 음양오행에 따른 이름은 절대적인데 반해서 이제 배우는 10개의 이름은 '나'를 기준으로 하는 상대적인 이름입니다. 상대적인 이름이 필요한 이유는 사주를 해석하는 데에 있어서 무엇보다 중요한 것이 '나'이기 때문입니다. '나'를 기준으로 음양과 오행을 대입해서 생하는 관계인지 혹은 극하는 관계인지를 파악해서 10개의 상대적인 이름을 붙여줍니다.

십성의 이름은 많은 상징성을 가지고 있습니다. 한자로 된 이름이다보니 처음에는 낯설고 어렵게 느껴집니다. 많은 분들이 이 단계에서 사주 공부를 포기하기도 합니다. 처음에는 외우려고 하시지 말고 자연스럽게 이치만 이해하시면 됩니다. 이해만 잘 하시면 어느 순간 자연히 암기도 되실 겁니다.

비견과 겁재

비견은 사주팔자에 있는 글자 중에서 나와 똑같은 글자를 말합니다. 오행과 음양이 모두 같은 글자입니다. 예를 들어 내가 양목陽木이면 천간天干으로는 갑甲인데요. 갑이라는 글자가 사주의 팔자八字 중에 더 있으면 이것을 비견比肩이라고 합니다. 한자로는 어깨를 견주다라는 표현에서 왔습니다.

내가 양금陽金이라고 하면 경庚인데요, 이 글자와 똑같은 글자가 있으면 비견입니다. 다만 지지에서는 같은 양목이라도 갑甲이 아니라 인寅이고 같은 양금이면 경庚이 아니라 신申이 됩니다. 천간 10글자와 지지 12글자의 음양오행이 어떤 것인지만 기억하고 있으면 쉽게 비견을 찾을 수 있습니다.

겁재劫財란 나와 오행은 같지만 음양이 다른 글자를 뜻합니다. 내가 양목 갑甲이면 겁재는 음목 을乙이 됩니다. 겁재는 나와 비슷한 것 같지만 다른 글자입니다.

아래 그림을 보면 시간시 기둥의윗쪽에는 나와 같은 양목이 있어서 비견比肩이 되고, 월지월 기둥의 아래쪽에는 나와 오행은 같지만 음양이 다른 음목이 있어서 겁재가 됩니다.

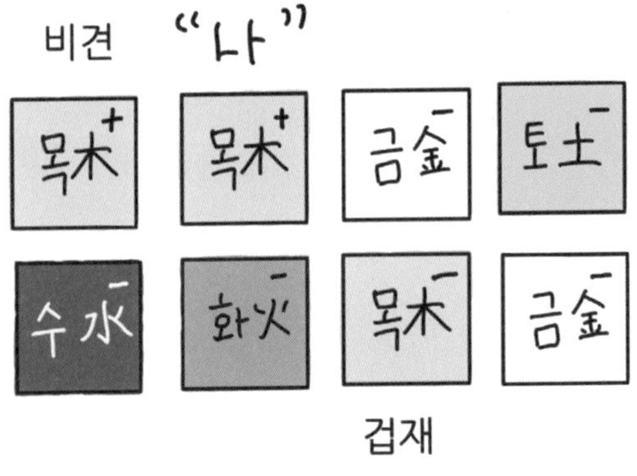

그림13 비견比肩과 겁재

문자적으로 보면, 겁재劫財는 나의 재물을 겁탈한다는 뜻입니다. 음양의 차이만으로 이름에서부터 큰 차이가 생깁니다. 비견과 겁재는 음양의 차이가 있지만 공통적으로 내 주위에 있는 나와 비슷한 사람들을 뜻합니다. 비견과 겁재가 사주에 많은 분들은 주위에 형제나 친구가 많고, 주변 사람들과 긴밀하게 엮여 살아갑니다. 사람들과 엮일 일이 많다 보니 경쟁에서 지지 않으려고 하는 심리가 생기고 관계 유지를 위한 지출도 많습니다. MBTI로는 E외향 성향과 연결됩니다.

그럼 언제 도움이 되고, 또 언제 도움이 안 되는지 보겠습니다. 비견이나 겁재는 사주의 주체인 '내'가 힘이 약할 때 도움이 됩니다. 내가 갑목甲木인데 사주에 나무木가 하나도 없다면 내 힘이 약합니다. 이런 사주에 나 말고 다른 목木이 있으면 힘이 강해집니다. 천간보다는 지지에 목이 있는 것이 더 좋습니다. 반대로 도움이 되지 않는 경우는 언제일까요? 비견과 겁재줄여서 비겁는 돈에 있어서 불리합니다. 내 돈을 쓸 사람이 사주에 많아서 돈이 남아나지 않습니다. 그래서 비견과 겁재가 많은 사람과는 결혼하지 않는 것이 좋다는 속설까지 생겼습니다. 하지만 큰 성공을 위해서는 어느 정도 비겁이 필요하기도 합니다.

| 정인과 편인

사주의 주체인 '나'를 생生해주는, 즉 낳고 도와주는 성분을 정인正印과 편인偏印이라고 부릅니다. 정인과 편인을 합쳐서 인성印星이라고 부릅니다. 한자를 살펴보면, 도장 인印이라는 글자를 쓰고 있습니다. 즉 내가 도장을 가진 것처럼 지위가 올라가고 권한이 생긴다는 좋은 뜻을 가지고 있습니다.

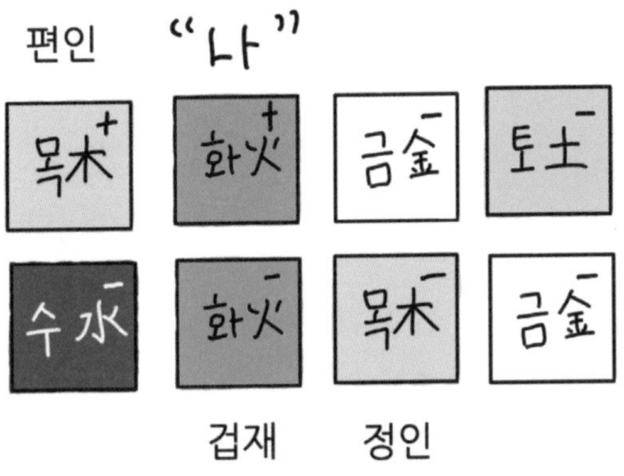

그림14 정인과 편인

사주의 주체인 '나'를 생하는 목의 글자가 인성이 됩니다. 나무가 불을 생한다라는 의미의 목생화木生火를 기억하시면 됩니다. 나를 생하는데 있어서는 나와 음양이 같은 것보다는 다른 것이 좋습니다. 음과 양은 서로 합해지려 하는 성질이 있어서 음양이 다르면 생하는 작용을 더 크게 하기 때문입니다.

음양이 다르면서 생하는 것을 정인正印이라고 하고 음양이 같으면서 생하는 것을 편인偏印이라고 합니다. 한자 글자만 봐도, 정인은 바를 정正을 쓰기에 더 좋다는 의미를 내포하고 있네요.

나를 낳는 정인을 어머니의 별이라고 부르기도 합니다. 편인도 어머니이지만 음양이 같으면서 나를 생하기에 계모의 별이라고 부릅니다. 어머니 없이 태어나는 분은 없습니다. 하지만 자신의 사주 팔자 안에 정인이 있을 때와 편인이 있을 때의 차이는 크게 납니다.

정인을 가지고 있는 분들은 어머니의 자애로움을 항시 받고 있으니 사람이 좀 느긋합니다. 어머니가 밥도 차려주고 빨래도 해주고 여러 모로 챙겨주니 믿을 구석이 있어서 그렇습니다. 힘들면 엄마에게 기댈 수도 있고, 여러 모로 든든한 버팀목이 되는 것이죠. 정인이 있는 분들은 할 말은 하고 사는 특징이 있습니다. MBTI로는 P인식의 성향과 관련이 있습니다. 뒤가 든든하기에 계획이 바뀌어도 그러려니 하고 받아들이는 면이 있습니다. 반대로 정인이 과도하면 내가 노력을 안해도 어머니가 다 알아서 해주니 좀 게으른 모습으로 나타나기도 합니다. 모자멸자母慈滅子라고 하여 어머니의 지나친 자애로움이 자식을 망친다는 말도 생겼습니다. 인성이 과도한 경우에는 MBTI로 P 성향뿐만 아니라 I내향 성향과 F감성 성향까지 올라가는 특징이 있습니다. MBTI와 관련된 내용은 5부 1장에서 자세히 설명 드리겠습니다.

정인은 자격을 갖추기 위한 공부를 뜻하기도 해서 정인이 있는 분들은 공부도 잘하는 편입니다. 일지에 정인이 있는 경우는 배우자 자리에 어머니가 있는 격이라서 어머니와 같이 나를 알아서 잘 챙겨주는 배우자와 인연이 되기도 합니다.

반대로 편인은 계모의 별이라서 눈칫밥을 먹게 되는데 사주에 편인이 발달된 분들은 눈치가 빠릅니다. 친모에게처럼 힘든 거를 다 털어놓고 내 뒤치다꺼리를 다 맡길 수는 없습니다.

그러니 다소 힘든 환경 속에서 예술적인 기질로 발현되기도 합니다. 틀에 박힌 공부보다는 새로운 쪽에 관심을 갖습니다. 혁신의 아이콘이기도 합니다. 그렇기에 예전에는 무시 받던 편인이 현대 사회에 들어와서는 인정 받고 있습니다.

| 식신과 상관

사주의 주체인 '내'가 생生하는, 즉 낳거나 도와주는 성분을 식신食神과 상관傷官이라고 부릅니다. 식신과 상관은 합쳐서 식상食傷이라고 합니다. 내가 낳는 성분이기에 나로부터 나오는 말, 표현, 노력, 신체 활동, 작품 등을 뜻합니다. 한자를 보면 식신은 먹을 식食을 쓰기에 먹을 복이 있다는 뜻도 됩니다. 다른 말로 하면 내가 하는 행위로 밥먹고 산다라는 것입니다.

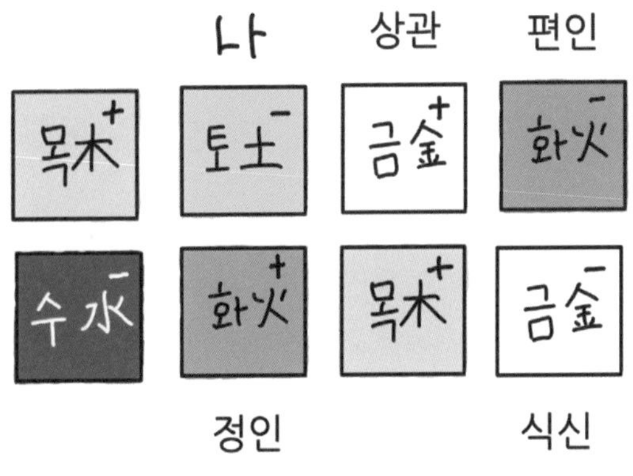

그림15 식신과 상관

나와 음양이 같으면서 내가 생하는 것을 식신食神이라고 하고 나와 음양이 다르면서 내가 생하는 것을 상관傷官이라고 합니다. 보통은 나와 음양이 다를 때 좋은 성분이 되는데 식신은 음양이 같아야 좋은 성분입니다. 음양이 다르면 내 것을 많이 소모시켜 좋지 않습니다. 음양이 같으면 적절히 내 에너지를 쓰기에 좋습니다. 위 그림을 보면 토土에서 금金이 나오는데 나와 음양이 같은 금은 식신이고 음양이 다른 금은 상관입니다. 상관은 한자로는 관官을 상하게 한다라고 하는, 안 좋은 의미입니다. 상관은 나에게서 나오는 말이기는 한데 내 에너지를 많이 씁니다. 즉 다소 과한 표현, 직설적인 말, 불평 불만 등을 뜻합니다.

식신이 잘 갖추어진 사주는 일의 전문성이 좋은 경우가 많습니다. 내 에너지를 적절히 활용해서 만들어내기에 연구, 예체능 분야에서 두각을 나타내는 경우도 많습니다. 나를 생해주는 인성과 식신이 잘 조화되는 경우에는 공부를 잘하는 동시에 그것을 표현해 결과를 만들어내기에 교수, 연구원, 예술가와 같은 직업군과도 인연이 많습니다. 상관의 경우에도 인성을 통해서 조화되는 경우에는 교육, 강의, 방송, 영업 등에서 두각을 나타내는 경우가 많습니다. 어떤 성분이든 지나치게 많은 것은 좋지 않고 균형이 이루어져야 좋게 발전합니다.

정재와 편재

사주의 주체인 '내'가 극剋하는, 즉 제어하거나 관리하는 성분을 정재正財와 편재偏財라고 부릅니다. 곧 재물을 뜻하는데 재물은 결국 나의 소유물이기에 내가 주도적인 권한을 가져야 합니다. 특히 현대 사회에서의 돈의 중요성은 매우 커서 사주를 볼 때 가장 중요하게 보는 성분이기도 합니다. 나와 음양이 다르면서 내가 극하는 성분을 정재라고 하며 나와 음양이 같으면서 극하는 성분을 편재라고 합니다. 정재와 편재를 합쳐서 재성財星이라고 부릅니다.

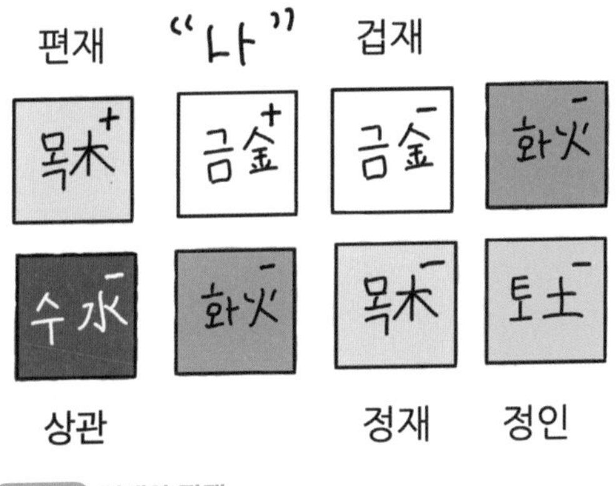

그림16 정재와 편재

정재는 꾸준히 들어오는 월급과 같은 돈을 뜻합니다. 내가 극을 하고 있지만 음양으로 합을 하고 있기에 약한 극입니다. 편재는 투자 소득처럼 일시에 들어오는 돈을 뜻합니다. 가령 로또 복권에 당첨되어 들어오는 돈이 여기에 해당됩니다. 다만 편재는 돈이 들어오고 나가는 것이 일정치 않습니다.

재물은 나의 소유물로 내가 관리하는 것인데 내가 힘이 약하면 오히려 재물에 휘둘리게 됩니다. 흔히 돈에 치인다는 말을 하는데요. 사주 안에서 재물이 나보다 힘이 강하면 내가 관리하지 못하고 돈에 끌려다니는 현상이 일어납니다. 내가 힘이 강하고 재물도 힘이 강해야 진정한 부자의 사주입니다.

한편 재물은 어떤 행위에 대한 결과물을 뜻합니다. 내가 장사하거나 사업하는 등의 행위로 인한 결과물이 돈입니다. 십성에서 보면 내가 생하는 식상이 재성을 생합니다. 내가 하는 식상 활동의 결과물이 재성입니다. 식신과 상관이 많은 사주인데 재성이 없으면 일은 바쁜데 결과물이 부족하게 됩니다. 식신이나 상관이 없고 재성만 강한 사주는 중간 과정 없이 결과를 바라는 급한 성격입니다.

재성은 가족 관계에서는 아버지를 뜻합니다. 또한 남자 사주에서는 배우자를 재성으로 봅니다. 남자 사주에서 내가 힘이 약하고 재성의 힘이 강하면 여자로 인해 곤란한 상황을 겪을수도 있습니다.

정관과 편관

사주의 주체인 '나'를 극剋, 제어/관리하는 성분을 정관正官과 편관偏官이라고 부릅니다. 음양이 다르면서 나를 극하는 성분이 정관이고 음양이 같으면서 나를 극하는 성분이 편관입니다. 음양이 다르면 합하려 하는 성질 때문에 극하려 하는 작용이 완화됩니다. 반대로 음양이 같으면 극하는 작용이 더욱 흉폭하게 일어나기 때문에 편관을 칠살七殺이라는 이름으로 부르기도 합니다. 정관과 편관을 합쳐서 관성官星이라고 합니다.

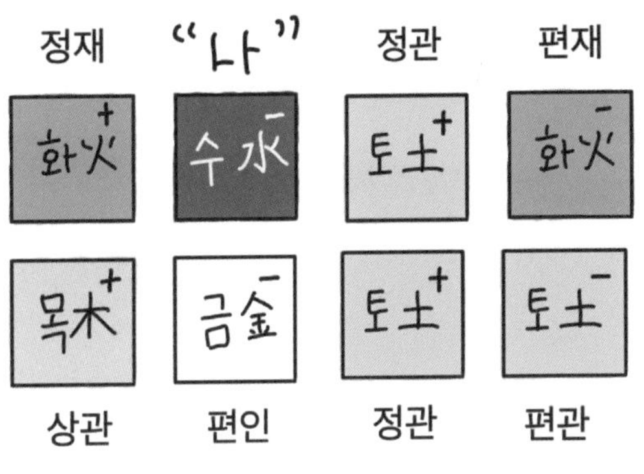

그림17 정관과 편관

'나'는 물인데 흙이 제방이 되어 물을 막기에 토극수土剋水의 관성이 됩니다. '나'는 음수라서 양토는 정관이고 음토는 편관이 됩니다. 정관은 나를 적절하게 제어하는 성분이라서 보수적이고 모범적인 생활을 하려고 하는 성향이 강합니다. 정관이 있는 분들은 공무원, 공기업, 대기업 등의 조직 사회에 잘 적응합니다. 이에 반해 편관은 나를 강하게 극하는 성분입니다. 하지만 균형 있게 구성된 사주에서는 법조계, 의료계, 군, 경찰, 이공계, 특수직 공무원소방, 안전 등 등에서 성공하는 경우가 많습니다. 편관은 강한 자존심을 상징하기도 해서 싫은 소리를 하지 않고 끝까지 자존심을 지키려고 하는 성향이 있습니다.

가족 관계에 있어서 관성은 여성에게 배우자를, 남성에게 자녀를 뜻합니다. 여성 사주에 관성이 많이 있는 경우에는 나를 공격하는 성분이 많은 것을 뜻하기에 몸이 약한 경우가 많고 남자와의 인연이 안 좋은 경우도 많습니다. 예전에 여자 사주를 볼 때는 관성을 제일 중요하게 보기도 했습니다. 하지만 현대에 와서는 여성 스스로 자기 운명을 개척하고 좋은 직업을 갖는 경우도 많기에 과거의 해석과는 많이 달라지고 있습니다.

십성의 상생과 상극

오행의 상생과 상극처럼 십성에도 '나'를 중심으로 한 상생, 상극 관계가 있습니다.

이제 사주를 십성으로 바꿔서 해석할 수 있습니다. 음양오행에 따라서 기본적인 상호 관계를 이해하게 되었다면, 사주 해석을 위한 중요한 토대를 끝낸 셈입니다. 다음 장에서는 글자의 구성과 위치, 상호 작용에 대한 상세한 공부를 진행하려고 합니다.

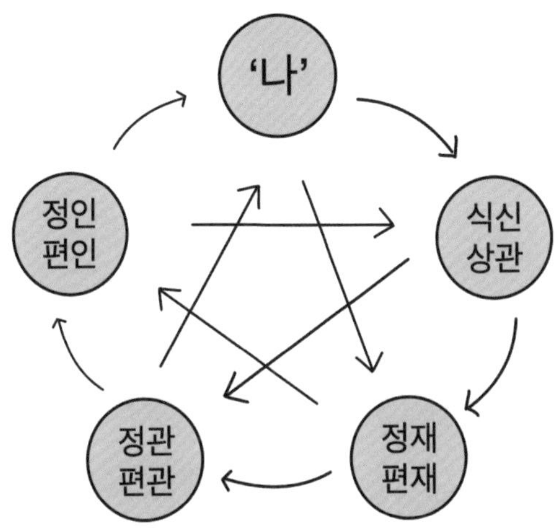

그림18 십성의 상생과 상극

4장

천간지지론

앞에서는 음양오행과 나를 중심으로 하는 관계에 대해 배웠습니다. 이제 음양오행을 나타내는 천간과 지지의 글자들을 하나씩 보도록 하겠습니다. 앞으로 각 글자를 통해 빠르게 음양오행을 떠올릴 수 있도록 목표를 잡아야 합니다. 상형문자인 한자를 사용해서 상징들을 연결했기에 한자의 모양도 같이 살펴보며 학습하시면 외우고 활용하는데 큰 도움이 됩니다.

천간론

갑甲

갑甲은 겨울의 땅을 뚫고 나오는 강한 상승의 에너지를 가지고 있습니다. 10천간의 첫 글자라서 갑으로 태어난 분은 우두머리 성향이 있습니다. 신체 중에서도 머리를 상징합니다. 또한 담膽을 상징하기도 합니다. 초봄의 우레와 같아서 목소리 큰 분들이 많습니다. 초봄은 아직 추울 때이기에 꼭 태양이 필요합니다. 초봄의 나무는 약하기에 금金을 보면 좋지 않습니다. 봄의 갑을 살아있는 나무라고 하고 가을의 갑을 죽은 나무라고 합니다. 살아있는 나무는 화火를 좋아하고 죽은 나무는 기물이 되기 위해서 금金을 좋아합니다. 갑이 강한 금을 만나면 두통이 생길 수 있습니다.

을乙

을乙은 풀이 자라나서 굽은 모습을 하고 있어서 화초에 비유합니다. 갑甲의 상승 에너지가 다소 꺾인 상태입니다. 또한 바람을 상징하기도 합니다. 꽃을 피우기 위해 태양을 좋아하고 춥고 습한 것을 싫어합니다. 을은 모래밭을 좋아합니다. 금金을 특히 싫어해서 화火가 있어야 합니다. 수水를 좋아하지만 대부분 물 위에 떠다니는 풀이 되니 토土로 물을 막아야 합니다. 을은 단단한 갑을 타고 오르는 것을 좋아합니다. 신체 중에서는 간肝을 상징합니다. 을이 아주 많거나 금에 의해 다치게 되면 간에 문제가 생기기 쉽습니다.

| 병丙

병丙은 태양으로서, 빛과 열을 뜻합니다. 열기가 심할 때는 수水로 제어하는 것이 좋습니다. 병은 임壬을 좋아합니다. 태양이 호수 위로 밝게 빛나는 모습입니다. 계癸는 비구름이 되어서 태양을 가리니 계를 좋아하지 않습니다. 목木이 있으면 밝게 빛나지만 너무 많다면 화염이 맹렬해져서 금金으로 조절해야 합니다. 여름에 태어난 병은 과감한 성격이 있습니다. 화火가 강하다면 토土로 설기하는 것이 좋지만 토가 너무 많으면 빛이 흐려집니다. 병은 눈을 뜻하기도 해서 수를 많이 만나면 안질환이 생길 수 있습니다.

| 정丁

정丁은 인공화, 촛불, 별빛에 비유합니다. 별빛이기에 태양이 지면 빛을 발하고 낮이 되면 빛이 죽습니다. 어둡고 정신이 강해지는 밤에 더욱 빛나기에 총명하고 탐구심이 있습니다. 가을이나 겨울에 태어나도 약하지 않습니다. 정은 갑甲이 있으면 추운 겨울도 두려워하지 않습니다. 낮에 촛불이 밝지 못하기에 정은 병丙의 도움을 좋아하지 않습니다. 정은 심장을 뜻하기에 약한 정이 계癸를 보게 되면 심장질환이 생길 수 있습니다(정에게 계는 칠살입니다).

무戊

무戊는 산과 같습니다. 단단하고 큽니다. 책임감이 있고 고집도 강합니다. 수水가 많을 경우 제방이 됩니다. 얼어있는 무戊를 쓸 수 없어서 태양이 필요합니다. 봄에 태어난 무는 목木이 강해서 기세가 약하니 화火의 도움이 있어야 합니다. 여름의 토土는 화가 강해서 뜨겁고 건조하니 수로 제어해야 합니다. 무戊가 약한데 목을 많이 보면 위장병이 생길 수 있습니다. 무에 목과 수가 없으면 생명이 자랄 수 없습니다.

기己

기己는 들판과 같습니다. 구름을 뜻하기도 합니다. 다방면에 재주가 많습니다. 목木을 키우는 능력이 있습니다. 을乙보다 갑甲을 좋아합니다. 기는 무戊와 달리 수水의 제방이 되지 못하고 흙탕물이 됩니다. 봄의 기는 허약해서 화火의 도움이 있어야 합니다. 여름의 기는 뜨겁고 건조해서 계癸가 있어야 하고 금金으로 수를 도우면 좋습니다. 신체 중에서는 위장을 뜻합니다.

경庚

경庚은 바위 원석과 같아서 화火의 제련을 좋아합니다. 갑甲과 정丁이 있으면 훌륭한 기물이 됩니다. 강직하고 저돌적인 면이 있습니다. 여름의 경은 화가 강해서 토土로 화의 기운을 빼는 게 좋지만 그만큼 건조해지니 수水가 있으면 크게 성공합니다. 겨울의 금金은 병丙, 정이 같이 있어야 따뜻해지며 기물을 만들 수 있습니다. 또한 경에 화가 많으면 대장에 문제가 생길 수 있습니다.

| 신辛

신辛은 보석이나 열매를 뜻합니다. 보석을 물에 씻으면 반짝반짝 빛나듯이 임壬을 좋아합니다. 토土가 많으면 보석이 흙에 묻히게 되므로 싫어합니다. 무戊보다 기己를 좋아합니다. 약한 금金이라서 화火를 많이 만나는 것을 싫어합니다. 여름의 신은 화가 강해서 기로 돕고 임壬으로 씻으면 귀하게 빛납니다. 겨울에는 수水가 강하니 병丙으로 따뜻하게 해야 합니다. 섬세한 성격을 가지고 있어서 정교함이 필요한 공예, 예술, 의학, 회계 등에 재능이 있습니다. 서리를 뜻하기도 해서 차가운 성격일 수도 있습니다. 신체 중에서는 폐를 뜻합니다.

| 임壬

임壬은 호수나 바다입니다. 이슬을 상징하기도 합니다. 멋을 아는 사람이 많습니다. 임이 너무 강하면 무戊로 막아야 합니다. 병丙이 있어서 호수를 밝게 비춰야 아름답습니다. 기己는 물을 탁하게 만들어서 좋아하지 않습니다. 여름은 물이 메마르기 쉬우니 금金으로 도와야 합니다. 겨울에는 기운이 지나치게 강해서 무로 물을 막고 병으로 따뜻하게 해야 합니다.

| 계癸

계癸는 비를 뜻합니다. 땅속에 스며든 물이기도 합니다. 계는 10 천간의 마지막 글자로 목木을 키우는 헌신을 뜻하기도 합니다. 봄과 여름의 계는 나무를 키우거나 뜨거움을 식히는 시기이니 금金이 있어야 물이 마르지 않습니다. 겨울에는 무戊로 한기를 막고 병丙으로 따뜻하게 해야 합니다. 신체 중에서는 방광이나 전립선을 뜻합니다.

지지론

| 자子

자子는 천간으로 계癸입니다. 음陰이 가장 강한 시기로 화火를 필요로 합니다. 화가 부족하면 우울증이 되기도 합니다. 검은 연못의 물상物像, 상징/모습을 하고 있습니다. 동물 중에서는 쥐를 상징합니다. 동지冬至를 지나면 자에 하나의 양이 생겨납니다. 시간으로는 밤 11시 반~1시 반이라서 밤과 관련된 일과 인연이 있습니다. 방향으로는 정북쪽을 가리킵니다. 자가 많은 경우에는 비뇨기, 신장 등에 이상이 생길 수도 있습니다.

축丑

축丑은 봄이 오기 전의 가장 추운 월이라서 인내의 상징입니다. 동물로는 소를 상징합니다. 속에서 양陽이 자라고 있으나 밖으로 튀어나오지는 못하고 움츠린 상태입니다. 춥고 습한 토라서 화火를 좋아하지만 수水는 싫어합니다. 흙탕물 되기가 쉽기 때문입니다. 축丑에는 계癸와 신辛이 암장暗藏되어 있습니다. 금金을 숨겨놓은 금고에 해당합니다. 시간은 해뜨기 전인 새벽 1시 반~3시 반 사이이고 방향은 북동쪽입니다.

인寅

인寅은 삼양三陽의 기운이 땅 밖으로 나오는 시기라서 진취적이고 에너지가 넘칩니다. 동물 중에서는 호랑이를 상징합니다. 잘 달리기에 역마의 운동성을 가지고 있고 이동수단인 비행기, 차, 선박을 뜻하기도 합니다. 인체 중에서는 단단한 뼈나 골격 등을 상징합니다. 시간은 해가 뜨는 3시 반~5시 반이고 방향은 동북쪽입니다.

묘卯

묘卯는 풀이 자라서 좌우로 분리되는 모습을 상징합니다. 묘가 있는 경우에는 싫증을 잘 내기도 합니다. 동물 중에서는 토끼를 상징하므로 여기저기 뛰어다니는 모습입니다. 풀이 가장 아름다운 때라 도화살처럼 성적인 아름다움이 있습니다. 병丙 태양을 좋아합니다. 신辛이나 유酉를 보면 칼이나 가위로 화초를 자르는 모양이 됩니다. 방향은 정동쪽이고 시간은 오전 5시 반 ~7시 반입니다.

| 진辰

진辰은 봄날에 우리를 뜻하는 진震에서 유래했습니다. 물을 머금고 있는 토土로서 식물을 배양하는 능력이 있습니다. 수가 너무 많은데 진을 만나면 흙탕물이 되기 쉽습니다. 동물 중에서는 용龍을 뜻해서 에너지가 넘칩니다. 진이 진을 만나면 자형自刑이 되는데 자만심이 넘쳐서입니다. 방향은 동남쪽이고 시간은 오전 7시 반~9시 반입니다.

| 사巳

사巳는 육양六陽으로 양이 그득합니다. 음양의 교차점으로서, 사람이 많이 오가는 대역大驛에 비유합니다. 화려하고 변화가 많습니다. 나무에 핀 꽃을 상징하기도 합니다. 동물로는 뱀을 뜻합니다. 방향은 남동쪽이고 시간은 오전 9시 반~11시 반입니다.

| 오午

오午에서 일음一陰이 생겨납니다. 우뚝 솟아서 불을 피우는 봉화대에 비유하기도 합니다. 자존심이 강하고 품은 뜻이 드높습니다. 동물로는 말을 뜻하기도 해서 역마성을 가지고 있습니다. 오를 또 만나면 자형自刑이 되어 화火의 폭발력이 강합니다. 감정의 기복이 올 수도 있습니다. 방향은 정남쪽이고 시간은 오전 11시 반~오후 1시 반입니다.

| 미未

미未는 마른 모래와 같고, 이를 아름다운 화원에 비유합니다. 마른 토土라서 수水가 필요합니다. 맛 미味에서 유래해 미식가가 많습니다. 동물 중에서는 양을 뜻합니다. 방향은 남서쪽이고 시간은 오후 1시 반~3시 반입니다.

| 신申

신申은 삼음三陰이 되어서 차갑고 단단합니다. 칼이나 침針 등을 상징하기도 합니다. 또한 이름난 도시를 뜻합니다. 동물 중에서는 원숭이에 해당하고, 인체에서는 대장과 폐를 뜻합니다. 방향으로는 서남쪽을 가리키고 시간으로는 오후 3시 반~5시 반입니다.

| 유酉

유酉는 과일이 익어서 대롱대롱 달린 모습을 상징합니다. 정제된 보석과 같아서 청결하고 깔끔한 성격이 됩니다. 섬세한 일에 어울립니다. 정丁이나 오午를 보는 것을 싫어합니다. 또한 절에 있는 종鍾을 뜻하기도 합니다. 방향으로는 정서쪽을 가리키고 시간은 저녁 5시 반~7시 반입니다.

| 술戌

술戌은 가을 추수가 끝난 땅을 의미합니다. 고독한 모습을 하고 있습니다. 온기를 머금고 있는 토土입니다. 하늘의 문을 뜻하기도 해서 종교나 철학에 관심이 많습니다. 동물로는 개를 뜻합니다. 방향은 서북쪽이고 시간은 저녁 7시 반~9시 반입니다.

| 해亥

해亥는 큰 바닷물을 뜻합니다. 휘몰아치는 모습입니다. 바다를 건너는 역마와 해외운이 있습니다. 해가 있는 사람도 하늘의 이치를 탐구하는 것을 좋아합니다. 속에 씨앗을 가지고 있어서 다음의 생명을 잉태하려고 합니다. 방향으로는 북서쪽을 가리키고 시간은 밤 9시 반~11시 반입니다.

60갑자甲子

천간은 갑甲부터 시작하고, 지지는 자子부터 시작하는데 이를 묶어서 갑자甲子라고 부릅니다. 갑자 다음으로 천간은 을乙이 되고 지지는 축丑이 되어 을축乙丑이 됩니다. 이렇게 10개의 천간과 12개의 지지를 순서대로 엮으면 120(=10x12)이 아니고 60입니다. 양은 양끼리 음은 음끼리 짝을 해서 그렇습니다. 과거에는 60갑자를 기준으로 시간을 표현했습니다. 가령 임진왜란은 임진壬辰년에 일어난 전쟁을 뜻하는 것이죠. 60갑자를 기준으로 하는 시간은 연월일시 모두에 적용됩니다.

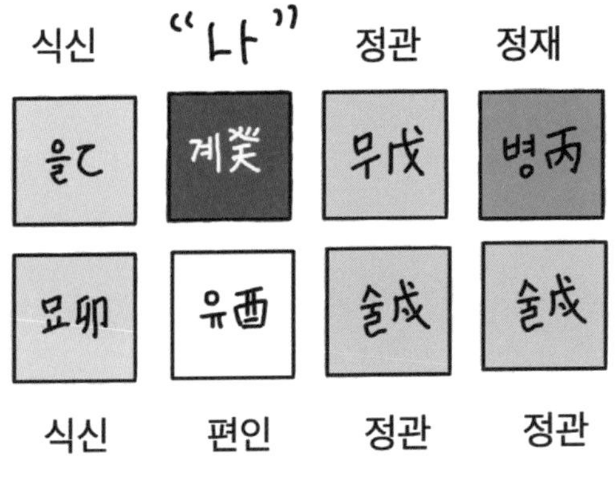

그림19 병술년생 사주 예

위 그림은 병술년 무술월 계유일 을묘시에 태어난 분의 사주입니다. 가장 최근의 병술丙戌년은 2006년이었습니다. 60갑자는 60개로 반복 순환되기에 만 60년이 지나야 다시 본래의 갑자로 돌아옵니다. 그래서 만 60세가 되는 해를 회갑回甲 혹은 환갑還甲이라고 부릅니다. 60갑자 표현에 익숙해지기 위해 한번씩 써보시면 좋겠습니다.

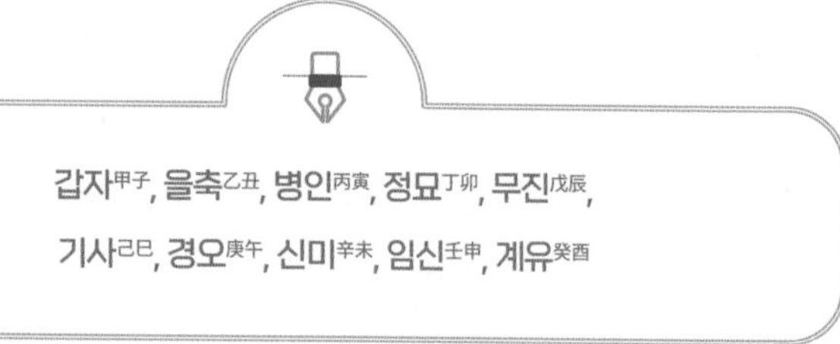

갑자甲子, 을축乙丑, 병인丙寅, 정묘丁卯, 무진戊辰,
기사己巳, 경오庚午, 신미辛未, 임신壬申, 계유癸酉

천간 10개를 기준으로 작성했는데요. 갑자甲子로 시작하는 열 개라는 뜻을 담아 갑자순甲子旬으로 부릅니다. 천간 10개와 지지 12개를 연결했는데 지지가 2개 더 많다 보니 술戌과 해亥는 맺어지지 못하고 남았습니다. 비어있다고 해서 공망空亡이라고 부릅니다. 이를 갑자순甲子旬 술해공망戌亥空亡이라고 합니다. 옛 분들은 사랑하던 사람과 끝내 맺어지지 못한 여자의 한에 비유하기도 했습니다. 갑자에서 계유까지는 공망하게 되는 글자가 같기에 이런 일주끼리 인연을 맺으면 대화가 잘 되는 장점이 있습니다. 갑자순 다음으로 계속 써보겠습니다.

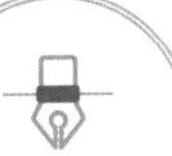

- **갑술순**辛酉공망 – 갑술甲戌, 을해乙亥, 병자丙子, 정축丁丑, 무인戊寅, 기묘己卯, 경진庚辰, 신사辛巳, 임오壬午, 계미癸未
- **갑신순**午未공망 – 갑신甲申, 을유乙酉, 병술丙戌, 정해丁亥, 무자戊子, 기축己丑, 경인庚寅, 신묘辛卯, 임진壬辰, 계사癸巳
- **갑오순**辰巳공망 – 갑오甲午, 을미乙未, 병신丙申, 정유丁酉, 무술戊戌, 기해己亥, 경자庚子, 신축辛축, 임인壬寅, 계묘癸卯
- **갑진순**寅卯공망 – 갑진甲辰, 을사乙巳, 병오丙午, 정미丁未, 무신戊申, 기유己酉, 경술庚戌, 신해辛亥, 임자壬子, 계축癸丑
- **갑인순**子丑공망 – 갑인甲寅, 을묘乙卯, 병진丙辰, 정사丁巳, 무오戊午, 기미己未, 경신庚申, 신유辛酉, 임술壬戌, 계해癸亥

60갑자로 사주팔자를 쓰기에 60갑자의 개별적인 특성을 이해하시면 사주를 해석하는 데 큰 도움이 됩니다. 60갑자의 각 일주에 대한 내용은 6부 일주론 편을 참고하시면 됩니다. 앞에서는 양목, 음화, 양수 등의 표현을 썼지만 이제부터는 본격적으로 60갑자의 기호를 통해서 표현하겠습니다. 처음에는 조금 어렵게 느끼실 수 있지만 반복하다 보면 자연스럽게 암기되고 익숙해질 것입니다.

지장간

지지땅에는 천간하늘의 기운이 녹아들어 있습니다. 지지 속에 들어있는 천간이라는 뜻을 담아 지장간支藏干이라 합니다. 천간 지지와 구분하여 인원人元이라고 부르기도 합니다. 천간의 기운은 고유하게 하나뿐이지만 지지에는 여러 기운이 섞여 있습니다.

지지의 12글자는 사계절을 상징하기에 3개 글자가 하나의 계절에 배정됩니다. 봄은 목木의 계절이라서 인묘진寅卯辰이고, 여름은 화火의 계절이라서 사오미巳午未이며, 가을은 금金의 계절이라서 신유술申酉戌이고, 겨울은 해자축亥子丑입니다. 가운데 글자, 즉 자오묘유子午卯酉는 계절의 정점을 뜻해서 왕지旺支라고 표현합니다. '왕하다'라는 표현은 해당 계절을 만났을 때를 뜻한다고 이미 말씀드린 바 있습니다. 왕지에는 해당 계절의 음양이 모두 들어 있습니다. 묘卯라는 글자에는 양목인 갑甲과 음목인 을乙이 들어 있습니다. 갑은 묘의 앞 글자 양목 인寅으로 이전 월 기운이 넘어왔다고 해서 여기餘氣라고 합니다. 을乙이 본래 월 기운이라고 해서 본기本氣 혹은 정기正氣라고 합니다. 다만 오午의 경우에는 여기인 병丙과 본기인 정丁 사이에 기己가 들어 있습니다. 봄, 여름의 양기운이 가을, 겨울의 음기운으로 바뀌는 대전환의 시기라서 중간을 완충하는 토土가 들어 있습니다. 아래 표에서 글자 뒤에 있는 숫자는 해당 기운의 강도를 뜻합니다.

왕지旺支	여기餘氣	중기中氣	본기本氣
자子	임壬 2		계癸 8
오午	병丙 2	기己 8	정丁 8
묘卯	갑甲 2		을乙 8
유酉	경庚 2		신辛 8

▲ [표3] **사왕지의 지장간**

각 계절의 첫 번째 글자에는 계절을 여는 의미가 있습니다. 인신사해寅申巳亥의 네 글자가 이에 해당합니다. 인寅에는 이전 계절에서 넘어온 기운 무戊, 다음 계절을 여는 병丙, 본래의 기운 갑甲 세 가지가 들어 있습니다. 앞에서부터 차례대로 여기餘氣, 중기中氣, 본기本氣라고 합니다. 왕지와 달리 중기가 추가되어 있습니다. 중기에는 다음 계절의 글자가 들어 있어서 다음 계절을 여는 생지生支/生地라고 부릅니다.

생지生支	여기餘氣	중기中氣	본기本氣
인寅	무戊 4	병丙 4	갑甲 6
신申	무戊 1	임壬 3	경庚 6
사巳	무戊 6	경庚 4	병丙 6
해亥	무戊 1	갑甲 3	임壬 6

▲ [표4] **사생지의 지장간**

세 번째 글자는 계절을 닫는 의미가 있습니다. 환절기에 해당합니다. 진술축미辰戌丑未의 네 글자입니다. 진辰에는 앞 계절에서 넘어온 을乙, 이전 계절을 닫는 계癸, 본래의 기운 무戊 등 총 세 가지가 들어 있습니다.

이전 계절의 마지막 수인 계는 겨울의 차가운 기운이 진을 넘어가지 못하게 막습니다. 봄의 다음 계절인 여름을 열기 전에 이전 계절인 겨울을 닫는 의미가 있습니다. 고지庫支 혹은 묘지墓支라고 부릅니다. 진은 목木의 입장에서는 창고와 같은 고지가 되고 수水의 입장에서는 마지막에 가두는 장소이기에 묘지墓地라고 부르기도 합니다.

고지庫支	여기餘氣	중기中氣	본기本氣
진辰	을乙 3	계癸 1	무戊 6
술戌	신辛 3	정丁 1	무戊 6
축丑	계癸 3	신辛 1	기己 6
미未	정丁 3	을乙 1	기己 6

▲ [표5] **사고지의 지장간**

고지는 땅속에 여러 가지 기운이 들어 있기 때문에 사주를 해석할 때 주의 깊게 봐야 하는 글자입니다. 다양한 해석이 가능한 글자라서 토를 두고 여러 가지 주장이 제시된 바 있습니다. 대표적으로 개고설開庫說이라고 해서 토土를 이용하기 위해서는 충沖이나 형刑의 작용을 통해 고지를 열어야 한다라고 하는 해석이 있습니다. 또한 입묘설入墓說이라고 하여 드러난 글자는 묘에 들어간다라고 하는 해석도 있습니다. 그만큼 치열한 논쟁을 유발하는 글자인 것입니다. 이게 보여주는 바는 사주가 연구와 논의를 통해 계속 발전되어야 하는 학문의 하나라는 것입니다.

PART 03

내 사주는 어떠한가

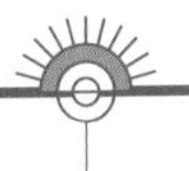

1장

만세력 들여다보기

앞에서 사주를 이해하기 위한 기초를 끝냈습니다. 아직 사주를 완전히 해석할 수는 없지만 어떤 글자가 나왔을 때 그 의미가 이렇다라고 하는 정도는 이해할 수 있습니다. 이제 자신의 사주팔자를 본격적으로 파헤칠 시간입니다. 이 때 필요한 것은 만세력인데 60갑자로 표현한 동양의 달력입니다.

만세력 활용법

자신의 사주팔자를 알기 위해서는 만세력이 필요합니다. 예전에는 책으로 된 만세력을 사서 뒤적이며 하나하나 찾았는데 요즘은 어플을 통해 쉽게 찾을 수 있는 시대가 되었네요. 사주팔자뿐만 아니라 여러 다양한 정보를 제공합니다. 처음부터 이 정보들을 다 이용해서 사주를 해석할 필요는 없습니다.

우선 어플을 통해서 정보를 확인하는 방법을 알아보겠습니다. 구글 플레이나 애플 앱스토어에 만세력을 치면 많은 어플이 나오는데요. 여기서는 그 중 대중적으로 많이 쓰는 앱 '하늘도마뱀'으로 설명 드리겠습니다. 내용 구성은 다른 앱도 비슷합니다.

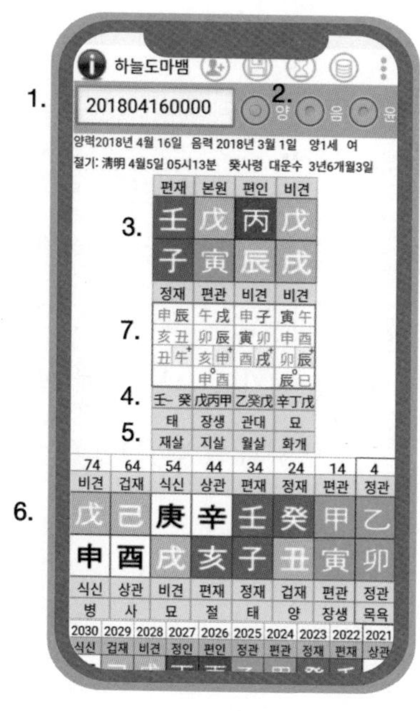

1. 생년월일시를 입력
2. 양력/음력 선택
3. 사주팔자 및 십성(十星) 확인
4. 지장간 확인
5. 12운성/12신살 확인
6. 대운 확인
7. 삼합, 방합, 육합, 충, 공망

그림20 만세력 화면 예

1~2번을 입력하시고 3~4번까지만 확인하시면 충분합니다. 5~7번에 대해서는 뒤에서 상세히 설명 드리겠습니다. 7번

은 일지를 클릭하면 열리는데 평소에는 열어놓을 필요가 없습니다. 실력 있는 고수라면 3번만 가지고도 5~7번은 쉽게 구할 수 있습니다. 어플을 쓰는 게 편하니 요즘은 대부분 직접 구하지 않습니다. 하지만 어플에서 이렇게 모두 알려주더라도 처음에는 직접 구해보는 것이 좋습니다. 할 줄 알지만 안 하는 것과 하지 못하는 것은 큰 차이가 있으니까요.

이제 본인의 생년월일시를 넣어서 사주팔자를 찾으시면 됩니다. 여기까지 잘 따라와 주신 독자분들이라면, 음양오행과 십성의 특성을 토대로 기본적인 해석은 충분히 하실 수 있습니다. 내 사주가 어떤 오행으로 구성되어 있는 지와 어떤 십성十星으로 구성되어 있는 지를 알면 어느 정도는 사주 해석의 준비가 끝난 것입니다.

내 천간과 지지 확인하기

이제 만세력 어플에 본인의 생일을 넣고 사주팔자를 뽑아 보시기 바랍니다. 여기서는 역사적으로 잘 알려진 분의 사주를 같이 보겠습니다. 우리나라 독립을 위해서 일생을 바치신 분인데 누구신지 한번 생각해 보면서 해석하면 좋겠습니다. 병자년丙子年 병신월丙申月 기사일己巳日 갑자시甲子時에 태어나셨습니다.

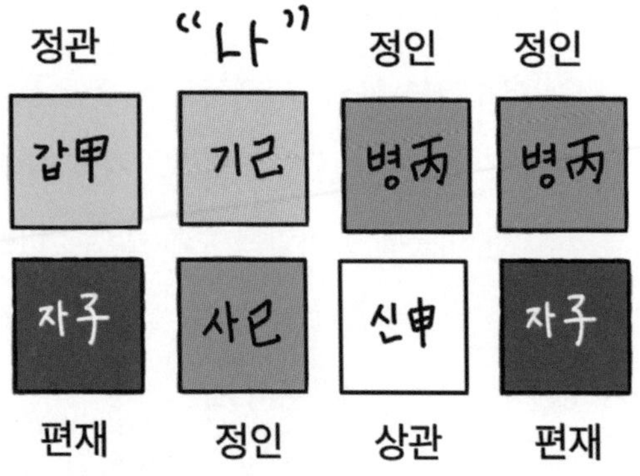

그림21 병자년생 사주 명조 예

사주의 팔자八字와 십성 그리고 지장간을 확인합니다. 신월申月이면 입추가 지난 가을양력 8월 29일입니다. 가을이긴 하지만 아직 더운 느낌이 남아있는 때입니다. 일간인 '나'는 기己 음토입니다. 천간 글자를 보면 '나'를 생하는 병丙이 두 개 있고 '나'를 극하는 갑甲이 있습니다. '나'를 생하는 글자가 있어서 내가 힘이 없지는 않습니다. 가장 힘이 센 월지에는 상관傷官이 있습니다. 상관은 바른 소리를 하고, 불의를 보면 못 참는 성격과 관련이 있습니다. 상관은 정관正官을 보면 못 참습니다.

누구의 사주일까요? 바로 일제의 불의를 보고 불굴의 의지로 맞선 김구 선생의 사주입니다. 이 사주로는 상관의 힘을 재물 버는 데 썼다면 훨씬 수월한 삶을 살았을 수 있습니다. 하지만 잘못된 관을 바로 잡는데 상관의 힘을 썼으니 얼마나 힘든 삶이었을까 짐작조차 하기 어렵습니다. 친일파로 승승장구했던 인물의 경우, 사주만 본다면 김구 선생보다 훨씬 나을 겁니다. 사주를 단순히 세속적인 의미의 성공과 행복을 추구하는 관점으로만 해석하면 잘못될 수 있음을 잘 보여주는 예입니다. 사주 안에는 사람들의 다종 다양한 인생이 녹아 있습니다. 그러므로 각 사람의 사주를 단정적으로 해석하는 것은 옳지 않습니다.

대부분의 사주에는 분명 모난 부분이 많습니다. 완벽하게 잘 조화된 사주는 찾아보기 어렵습니다. 저도 지금껏 많은 분들의 사주를 봐왔지만 완벽한 사주는 거의 본 적이 없었습니다. 그만큼 인간은 불완전한 존재인 것이지요. 그러므로 불완전한 인생을 계속 살아가야 합니다. 내 인생을 완전하게 만들기 위해서가 아니라 왜 이렇게 모났을까 이해하기 위해서 사주 공부를 하는 겁니다. 그렇게 내 사주를 이해하고 받아들이게 되면 김구 선생처럼 힘든 고난의 길도 우리의 선택으로 받아들이고 살 수 있을 것입니다.

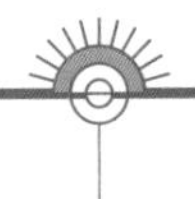

2장

내 몸은 강한가 약한가

앞에서 사주를 구성하는 글자를 확인했습니다. 이제 내 사주 안에서 글자 간의 관계, 힘의 균형 등을 알아볼 차례입니다. 나를 중심으로 어떤 세력의 힘이 강하고 약한지, 그리고 결과적으로 나의 힘이 강한지 약한지를 판별합니다.

신강과 신약 기초

사주 여덟 글자 중에서 일간이 '나'를 뜻하는데요. 일간을 내 몸에 비유해서 내 몸이 강한 지 약한 지를 판별하는게 중요합니다. 한자로 몸 신身 자를 써서 몸이 강強하냐 약弱하냐에 따라 신강身強 혹은 신약身弱이라고 표현합니다. 아무래도 약한 것보다는 강한 것이 좋습니다. 힘이 어느 정도 있어야 무슨 일이든 잘하니까요. 그렇다고 너무 강하면 그것도 좋지 않습니다. 자기 힘만 믿고 오만해지기 쉽기 때문입니다.

신강 혹은 신약을 판정하기 전에 우선 "강하다"라는 의미를 알아야 합니다. 첫째로, 같은 오행 계절에 태어나면 강합니다. 갑甲이나 을乙은 인묘진寅卯辰 봄에 태어나면 자기 계절에 태어난 것입니다. 병丙이나 정丁은 사오미巳午未 여름생, 경庚이나 신辛은 신유술申酉戌 가을생, 임壬이나 계癸는 해자축亥子丑 겨울생이 그렇습니다. 아래 그림을 보면 병丙은 화火이니 여름에 해당하는 사오미巳午未 중 오午월에 태어나서 자기에게 맞는 계절을 얻었습니다. 해당 계절에 태어난 것을 왕旺하다라고도 하고 득령得令 혹은 득시得時했다라고도 합니다. 오래된 학문이라서 다양한 한자 표현이 있으니 지금 어느 정도 알아두시면 다른 책들을 보실 때에도 큰 도움이 됩니다.

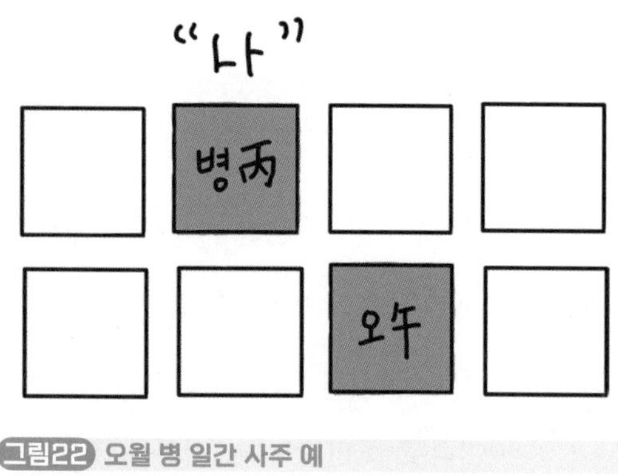

그림22 오월 병 일간 사주 예

월 기준으로 일간 오행이 해당하는 월에 태어나면 힘이 강해지는 것은 이제 이해했습니다. 그렇다면 위 그림에서 월지 대신 연, 일, 시에 오午가 들어 있으면 어떨까요? 가장 영향력이 있는 자리인 월지 만큼은 아니라도 상당한 힘을 가집니다. 이걸 다르게 해석하면 오는 병丙 입장에서 십성으로 겁재에 해당합니다. 즉 지지에 비견 혹은 겁재가 있으면 신강할 수 있는 조건이 됩니다. 천간에 있는 것은 지지보다 힘이 약하니 지지를 우선합니다.

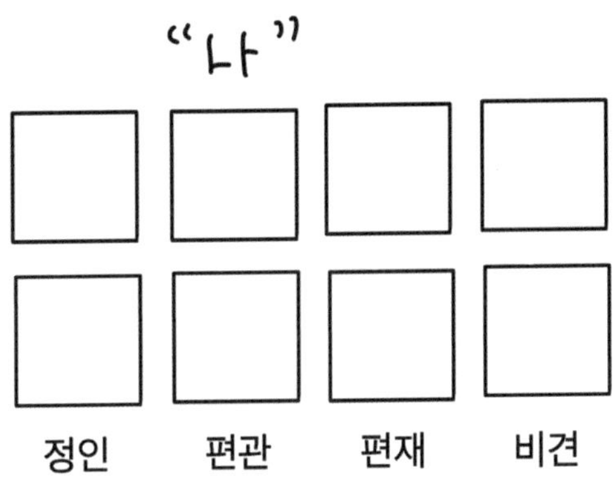

그림23 지지 십성 기준 신강 신약

오행 대신 십성十星 만으로 표현했습니다. 정인을 보면 나와 음양이 다르고 나를 도와주는 성분이라서 나를 강하게 만듭니다. 편관은 나와 음양이 같으면서 나를 극하는 성분이니 나를 많이 약하게 만듭니다. 편재는 나와 음양이 같으면서 내가 극하는 성분이라 내 에너지를 많이 쓰게 하니 역시 나를 약하게 합니다. 비견은 나와 음양오행이 같기에 나를 강하게 만듭니다. 연지에 비견이, 시지에 정인이 있기는 하나 영향력이 강한 월지와 일지에 나의 에너지를 약하게 만드는 힘이 더 강하기에 약간 신약한 사주입니다. 신강, 신약은 하나의 글자만 보고 판단할 수 없고, 사주의 여덟 글자八字 전체를 봐야 합니다. 자기에게 맞는 계절을 얻어도 다른 글자로 인해 약해지는 경우도 있고 계절을 얻지 못해도 다른 글자로 인해 강해지는 경우도 많으니 주의해서 보아야 합니다. 계절을 얻지 못해도 다른 글자들에 의해 강해진 경우를 득세得勢했다고도 합니다.

신강, 신약을 판정하면 사주의 주체인 '나'의 힘을 알게 되기에 '나'를 도와주어야 할지 아니면 '나'의 힘을 빼야 할지 정할 수 있습니다. 신약한 사주에는 비견, 겁재 혹은 인성을 써서 나를 도와주는 것이 필요하고 신강한 사주에는 넘치는 힘을 식신, 상관, 재성, 관성으로 빼주거나 눌러주는 것이 좋습니다. 이것이 사주 용신用神을 찾는 첫 번째 방법이 됩니다. 이를 가리켜 억부법抑扶法, 억제하거나 도와주는 방법이라 부릅니다.

신강이냐, 신약이냐의 여부만 가지고 사주의 좋고 나쁨을 판단할 수는 없습니다. 사주를 해석할 때 어떤 조건 하나만 가지고 결과가 이렇다 저렇다라고 결정하는 것을 단식單式 판단이라고 하는데 거의 들어맞지 않습니다. 여러 조건들을 모두 고려해서 판단해야 틀리지 않습니다.

통근通根이란

지금까지 계절과 십성을 통해 신강, 신약을 판단하는 법을 배웠습니다. 이제 다른 방식으로 생각해 보려고 합니다. 앞서 지장간地藏干에 대해서 배웠는데요. 지장간은 지지 속에 숨어있는 천간의 기운을 뜻합니다.

일간이 병丙이고 일지가 술戌이라고 해보겠습니다. 술에는 지장간 속에 신辛, 정丁, 무戊가 들어있습니다. 십성으로 보면 술戌은 병의 식신입니다. 비견이나 겁재 혹은 인성이 아니기에 신강한 조건은 아닙니다. 지장간의 관점에서 보면 병의 겁재인 정이 있어서 신강한 조건이 됩니다. 나와 비슷한 성분이 지지 지장간에 있다고 해서 뿌리가 있다라고 합니다. 이를 가리켜 통근通根했다고 합니다. 천간이 지장간의 뿌리와 통했다라는 뜻입니다.

천간은 지지에 뿌리를 내려야 흔들리지 않고 강합니다. 우선 자기가 앉은 자리에 뿌리 내리는 것이 좋습니다. 이것을 득지得地라고 합니다. 앉은 자리 다음으로는 월지에 뿌리를 내리면 가장 강하고, 이어서 일, 시, 연의 순이 됩니다. 아래 그림처럼 지장간에 비견이나 겁재가 있는지 확인하면 됩니다.

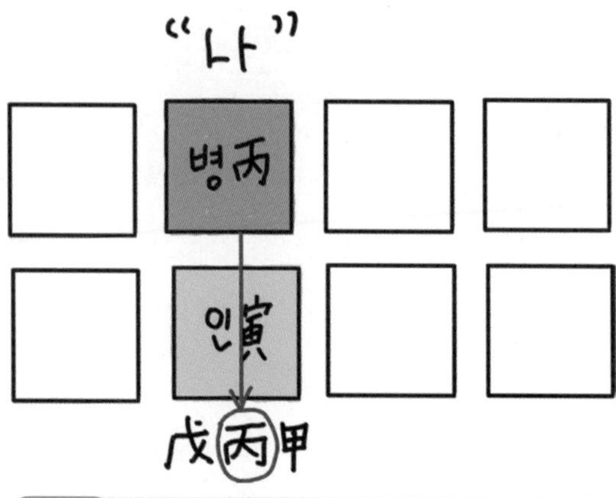

그림24 통근한 사주 예시

- **갑**甲 – 인寅, 묘卯, 해亥에 통근하고 다음으로 미未, 진辰
- **을**乙 – 묘卯, 미未, 진辰에 통근하고 다음으로 인寅, 해亥
- **병**丙 – 인寅, 사巳, 오午에 통근하고 다음으로 미未, 술戌
- **정**丁 – 오午, 미未, 술戌에 통근하고 다음으로 인寅, 사巳
- **무**戊 – 진辰, 술戌, 축丑, 미未에 통근하고 다음으로 인寅, 사巳, 오午
- **기**己 – 오午, 미未, 진辰, 술戌, 축丑에 통근하고 다음으로 인寅, 사巳
- **경**庚 – 신申, 유酉, 사巳에 통근하고 다음으로 술戌, 축丑
- **신**辛 – 유酉, 신申, 술戌, 축丑에 통근하고 다음으로 사巳
- **임**壬 – 해亥, 자子, 신申에 통근하고 다음으로 축丑, 진辰
- **계**癸 – 자子, 축丑, 진辰에 통근하고 다음으로 해亥, 신申

천간 입장에서는 지지 속에 나와 비슷한 지장간이 있으면 통근되었다고 합니다. 지지 입장에서는 나의 지장간이 천간에 나타나면 투간透干, 지지에 있는 성분이 천간에 투영됨되었다고 합니다. 똑같은 현상을 무엇을 기준으로 보느냐에 따라 표현이 달라집니다.

앞에서 득령[나에 맞는 계절을 얻는 경우], 득세[나를 돕는 글자들이 많은 경우], 득지[일지에 뿌리가 있는 경우] 등 총 세 가지의 신강해지기 위한 조건을 살펴봤습니다. 이를 '사주 자리별 힘의 강도' 그림을 떠올리시면서 점수화해서 신강, 신약을 판정하셔도 됩니다.

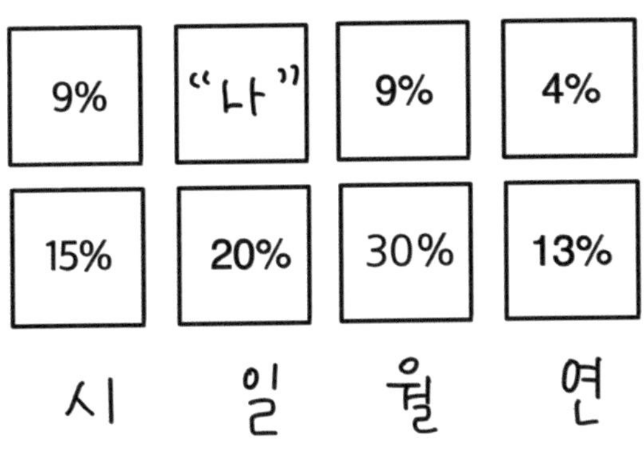

그림25 사주 자리별 힘의 강도

예를 들어, 자기에게 맞는 계절을 얻고 득지를 하면 50%(=30%[득령]+20%[득지]) 정도로 중화 혹은 신강한 사주입니다. 약 45% 정도를 중화 기준으로 봅니다. 득령을 하지 못하고 득지와 득세를 한 경우에도 50%(=20%[득지]+30%[득세한 총합]) 정도로 신강할 수 있습니다. 물론 득세한 구성에 따라서 약간 신약해질 수도 있습니다. 득령만 하고 득지와 득세를 못한 경우는 30%[득령]로 신약할 가능성이 높습니다. 다만, 이와 같은 방법은 정량적으로 설득력 있게 보이긴 하지만 실제 적용할 때에는 글자 사이의 관계에 따라서 단순한 숫자 합이 무의미하게 되는 경우가 상당히 많습니다. 처음에 공부하실 때에는 이를 활용하시되, 점차 자신만의 신강, 신약 판정의 노하우를 가져야 합니다.

진기와 퇴기

겨울에서 봄으로 넘어가려 하는 즈음이면 양의 기운이 점차 커지는 시기이니 겉은 추워 보여도 속으로는 양陽의 목기운이 커져갑니다. 목木의 입장에서 겨울은 진기進氣입니다. 한자로 보면 나아가는 기운이란 뜻입니다. 여름은 어떨까요? 봄을 지나 꽃이 만개하는 여름이 되면 뻗어가는 목의 기운이 쇠퇴합니다. 목의 입장에서 여름은 퇴기退氣가 됩니다. 신강, 신약이나 통근을 통해서 판단하는 방법과는 다른 관점입니다. 경庚 일간이 있고 주위에 금이 많은 사주라고 해도 겨울 퇴기 계절에 태어나면 금이 약한 시기입니다.

운을 보는 법은 나중에 다시 다루겠지만, 일단 대운을 볼 때에는 무엇보다도 먼저 진기와 퇴기를 생각해야 합니다. '나'와 용신用神이 진기를 만나고 있느냐 퇴기를 만나고 있느냐를 보면 운의 길흉 추세를 판단할 수 있습니다. 용신이 진기를 만나면 힘을 받아 튼튼해지고 운이 좋아집니다. 진기와 퇴기는 왕상휴수旺相休囚, 12운성運星의 개념을 모두 포괄하는 개념입니다.

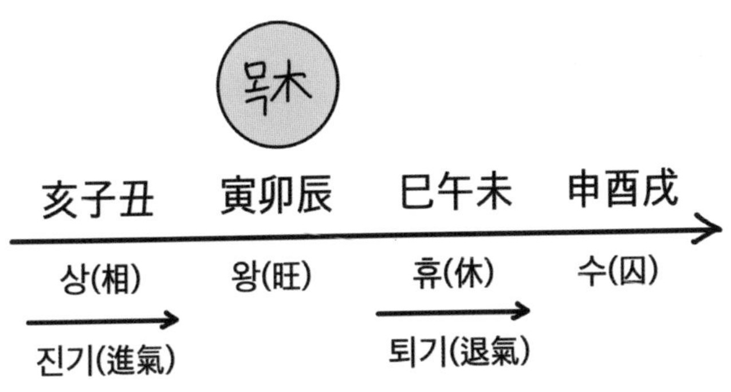

그림26 왕상휴수, 진기, 퇴기

12운성

12운성은 각 천간이 12지지에서 상대적으로 어떤 기운인지를 알려주는 방법입니다. 총 열두 구간으로 나눠서 보기 때문에 기운의 강약을 세밀하게 파악할 수 있습니다. 힘의 강약에 대한 정보를 제공하지만 각 자리가 가진 물상物像, 시각적인 상징을 통해서 사주 풀이하는 데 다른 관점의 정보 또한 제공합니다. 우선 12개의 단계에 각각 어떤 것이 있는지 보겠습니다.

- **장생**長生, 줄여서 生 – 태어남을 뜻합니다. 주변의 도움이나 축하를 받습니다.
- **목욕**沐浴, 줄여서 浴 – 어린 아이가 목욕하는 것을 뜻합니다. 옷을 벗는 의미도 있어서 도화살을 뜻하기도 합니다.
- **관대**冠帶, 줄여서 帶 – 이제 막 어른이 되어서 옷을 잘 차려 입는 것을 뜻합니다. 몸은 컸어도 정신은 아직 미숙합니다. 옷을 좋아하는 경우도 많고 옷과 관련된 일을 하는 경우도 있습니다.
- **건록**建祿, 줄여서 祿 – 취업해서 스스로 돈을 벌어 살아가는 모습을 뜻합니다. 알아서 자립합니다.
- **제왕**帝旺, 줄여서 旺 – 가장 왕성한 장년 시기를 말합니다. 삶의 주기로 보면, 가장 위에 있으니 이제 내려갈 일만 남았습니다.
- **쇠**衰 – 노쇠한 시기를 말합니다. 그렇지만 정신은 현명합니다.
- **병**病 – 병이 들어서 힘이 약해지는 것을 말합니다. 병이 들어 이곳저곳으로 치료를 위해 돌아다니며, 문병하러 온 사람들도 많이 만납니다.
- **사**死 – 죽음을 뜻합니다. 생에서 사로 상태의 변화가 생깁니다.
- **묘**墓 – 죽어서 묘지에 묻힌 것을 뜻합니다. 묘지에 누워 있으나 정신세계는 오히려 강해집니다.
- **절**絶 – 땅에 묻힌 후에 형체가 모두 사라진 상태를 뜻합니다. 모든 것이 끊어집니다.
- **태**胎 – 처음으로 잉태한 모습을 말합니다. 불안하게 갇힌 모습을 뜻합니다.
- **양**養 – 뱃속에서 무럭무럭 자라나는 모습을 뜻합니다. 긍정적으로 커가고 있습니다.

갑甲은 해亥에서 생生하고, 자子에서 욕浴이 되고, 축丑에서 대帶가 되고, 인寅에서 록祿, 묘卯에서 왕旺, 진辰에서 쇠衰, 사巳에서 병病, 오午에서 사死, 미未에서 묘墓, 신申에서 절絶, 유酉에서 태胎, 술戌에서 양養이 됩니다.

을乙의 경우에는 약간 다릅니다. 양생음사陽生陰死 혹은 음생양사陰生養死라고 해서, 양목陽木인 갑甲이 사死하는 자리에서 을은 생生합니다. 따라서 역순으로 진행합니다. 갑이 사하는 오午에서 생해서 사巳에서 욕浴이 되는 식입니다.

순행하는 것을 양포태, 역행하는 것을 음포태라고 합니다. 음포태는 이치에 맞지 않아서 인정하지 않는 경우도 많습니다. 고서들 또한 입장이 갈려서 《이허중명서》에서는 음포태도 인정하지만, 서자평의 《자평진전》에서는 오행포태 만을 인정합니다. 을의 경우 겨울인 해자축亥子丑에서 사병쇠死病衰가 되는데 겨울에 목이 이런 상태인 것은 맞지 않아서 입니다. 음포태는 힘의 강약을 판정하는 데에는 쓰지 않고 상태의 물상物像을 참조하는 데만 사용하면 좋습니다.

비록 12운성이 복잡하지만 만세력 어플에서 친절하게 표시해주고 있습니다. 다만 시중에 있는 대부분의 어플에서는 양포태, 음포태를 구분해서 표시하고 있는 점은 참고하세요.

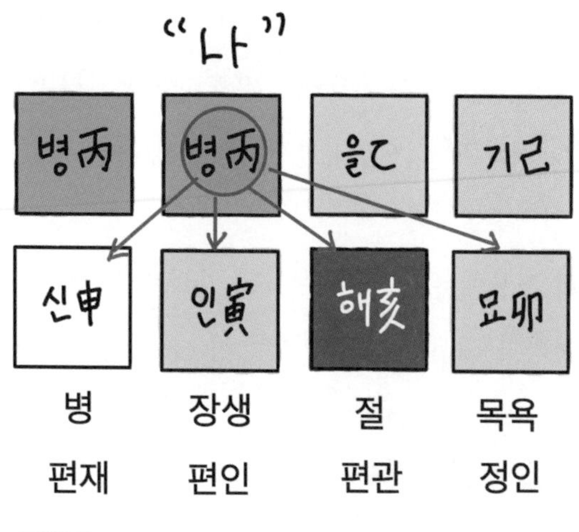

그림27 기묘년생 사주 예

병丙은 인寅에서 장생長生이 되고, 묘卯에서 목욕沐浴이 되고, 신申에서는 병病이 되고, 해亥에서는 절絶이 됩니다. 묘卯는 정인이면서 목욕입니다. 목욕은 도화살이기도 해서 가족 중에서 어머니가 활동적이고 유흥을 좋아하실 가능성이 있습니다. 해는 편관이면서 절에 해당합니다. 절은 끊어지고 형태가 없어지는 것을 뜻하기에 직업의 변동이 많음을 암시합니다. 인은 장생이면서 편인입니다. 주변의 도움이 많고 낙천적인 성향을 가졌음을 뜻합니다. 신은 병이면서 편재입니다. 병病은 역마를 뜻하기도 하니 이동이 많은 일을 통해 재물을 벌게 됨을 뜻합니다.

십성十星과 12운성을 같이 보면서 사주 해석을 풍부하게 할 수 있습니다. 예전에 어플이 없던 시절에는 아래 그림처럼 손가

락에 12지지를 할당하고 장생하는 지지만 기억해서 양의 글자는 시계 방향으로 돌리고 음의 글자는 반시계 방향으로 돌리면서 찾기도 했습니다. 옛 어른들이 손가락을 돌리면서 무언가 찾던 모습은 여기서 나왔습니다. 갑甲을 예로 들면 해亥에서 생生하니 자子에서 욕浴이 되고, 시계 방향으로 대帶, 록祿, 왕旺, 쇠衰, 병病, 사死, 묘墓, 절絶, 태胎, 양養이 됩니다.

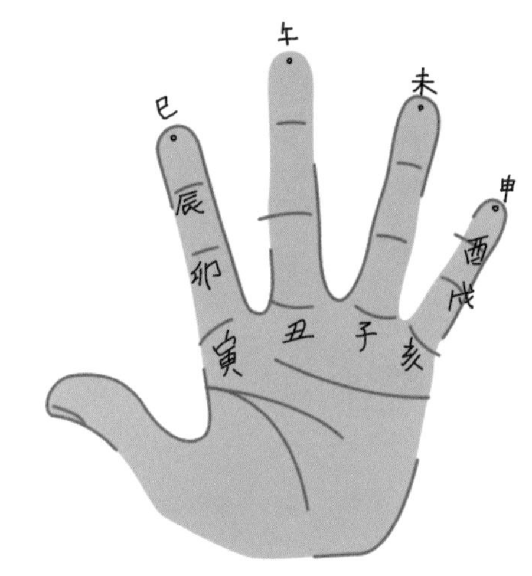

그림28 12운성 확인법

12운성의 활용법에 익숙해질수록 고수의 길에 가까워집니다. 직접 손가락을 돌리면서 몇 번 활용해 보시면 자연스럽게 외워지고 익숙해집니다.

	절	태	양	생	욕	대	록	왕	쇠	병	사	묘
甲	申	酉	戌	亥	子	丑	寅	卯	辰	巳	午	未
乙	酉	申	未	午	巳	辰	卯	寅	丑	子	亥	戌
丙	亥	子	丑	寅	卯	辰	巳	午	未	申	酉	戌
丁	子	亥	戌	酉	申	未	午	巳	辰	卯	寅	丑
戊	亥	子	丑	寅	卯	辰	巳	午	未	申	酉	戌
己	子	亥	戌	酉	申	未	午	巳	辰	卯	寅	丑
庚	寅	卯	辰	巳	午	未	申	酉	戌	亥	子	丑
辛	卯	寅	丑	子	亥	戌	酉	申	未	午	巳	辰
壬	巳	午	未	申	酉	戌	亥	子	丑	寅	卯	辰
癸	午	巳	辰	卯	寅	丑	子	亥	戌	酉	申	未

▲ [표6] **12운성표**

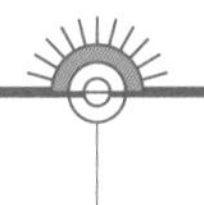

(3장)

[격국편] 내 사주의 주도적인 힘은 무엇인가

앞에서 우리는 사주의 주체인 '내'가 힘이 강한 지 약한 지 알 수 있는 방법을 배웠습니다. 이제 '나' 외에 어떤 대상이 힘을 가지고 있는 지 알아봅시다. 나 외의 대상 중에서 가장 강한 힘을 가진 세력을 찾는 일이 중요합니다. 어떤 경우에는 내가 그 대상보다 힘이 강할 수도 있고 어떤 경우는 외려 나보다 더 힘이 강하기도 합니다. 내 사주 안에서 강한 세력이라는 것은 결국 내가 살아가면서 빈번하게 마주쳐야 하는 상대임을 뜻합니다.

격국이란

사주를 이해하는 것은 곧 사주 안에 힘의 균형을 이해하는 것입니다. 출발은 사주 여덟 글자 중에서 가장 강력한 월지에서부터 합니다.

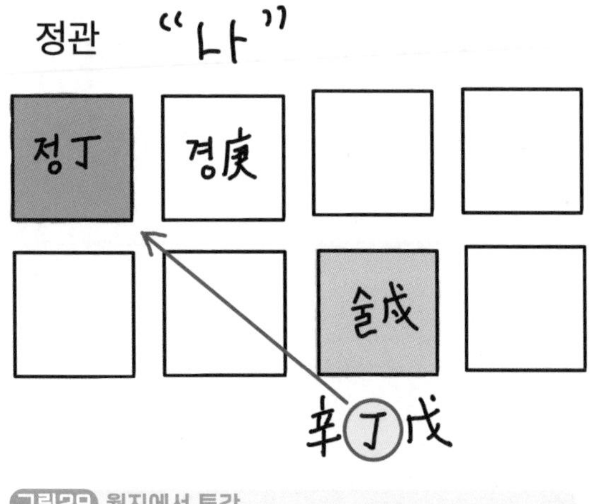

그림29 월지에서 투간

위 그림에서 보면 월지 술戌에는 신辛, 정丁, 무戊의 지장간이 있습니다. 이 중에서 정이 천간에 나타났습니다. 정이 투간透干되었네요. 정의 입장에서 보면 강한 월지에 통근通根하고 있어서 정의 힘이 강합니다. 경庚의 입장에서 술은 십성으로 편인偏印입니다. 정은 정관正官입니다. '나'를 가리키는 경庚이 술에 뿌리가 있고 편인 술도 힘이 강하고 정관 정도 힘이 강합니다. 지지에만 있는 것보다는 천간에 투간되어서 세력을 이루면 더 강하게 봅니다. 하늘천간과 땅지지이 연결되어서 그렇습니다. 이 사주는 정관 정이 주도적인 힘을 가지고 있다고 봅니다. 이런 사주를 정관격正官格이라고 부릅니다. 한자 풀이를 해보면 정관이 주도적으로 생긴 사주 모양이 됩니다.

다양한 사주를 놓고 주도적인 힘을 판단하여 묶어 놓은 것이 격국格局입니다. 격국은 빠르게 사주의 구성을 판단해서 해석하게 도와주는 방법론입니다. 격국만 가지고 설명하는 책들도 많을 정도로 과거에는 중시되었습니다. 하지만 현재에 와서는 격국으로 설명되지 않는 사주가 많다 보니 중요성이 예전보다는 못합니다. 격국에서 다루는 예시처럼 모양이 뚜렷한 사주보다는 그렇지 않은 사주가 현실에 더 많습니다. 그럼에도 격국을 잘 이해하고 있어야 사주를 보는 수준이 올라갑니다. 격국을 알고 실전을 치르는 것과 모르고 하는 것은 실로 큰 차이를 보입니다.

격국은 오랜 시간 많은 연구자들에 의해 탐구된 결과로 다양한 이름의 격이 있습니다. 정란차격, 축요사격, 비천록마격 등 이름만 들어서는 무슨 격인지 알기 어렵습니다. 처음에는 이런 것까지 배우지 않아도 됩니다. 혹시 접하시더라도 '이런 것도 있구나' 하고 넘어가시면 됩니다. 여기서는 보편적인 격에 대해서만 배우겠습니다. 격은 위에서 한 것처럼 월지를 기준으로 찾습니다. 월지 내에서 찾는다고 해서 이런 격을 내격內格이라고 합니다. 월지 밖에서 찾는 경우는 외격外格이라고 합니다.

내격內格

내격은 월지의 십성월지 자체 혹은 천간에 투간된 월지 지장간으로 격을 잡습니다. 어떤 성분이던 간에 십성 기준으로 이름을 붙입니다. 아래는 10개의 내격 리스트입니다.

- 식신격, 상관격
- 정재격, 편재격 합해서 재격
- 정관격, 편관격
- 정인격, 편인격 합해서 인수격
- 건록격, 양인격겁재격

이 중에서 식신격, 재격, 정관격, 정인격은 해당 십성의 성질이 긍정적이라서 이 성질을 더욱 살리는 방향으로 용신用神을 잡게 됩니다. 상관격, 편관격, 편인격, 양인격은 해당 십성이 부정적인 요소가 되기에 이를 억제하는 방향으로 용신을 잡게 됩니다.심효첨의 《자평진전》에서의 용신 방법론 용신에 대해서는 다음 장에서 자세히 설명 드리겠지만, 우선은 격을 잘 쓰게 해주는 성분이라고 간단하게 이해하시면 됩니다.

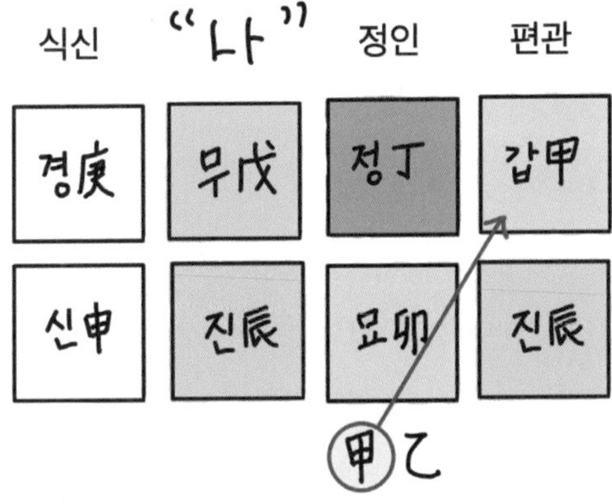

그림30 월지 여기에서 투간

위 사주를 보면 월지 묘卯에서 갑甲이 천간에 투간되어서 편관격이 됩니다. 편관偏官은 나를 심하게 극하는 흉신凶神이라서 억제해야 합니다. 사주에 식신食神 경庚이 튼튼하게 있어서 좋은 용신이 됩니다. 만약에 경신시庚申時가 아니라 을묘시乙卯時에 태어났다면 어떻게 될까요?

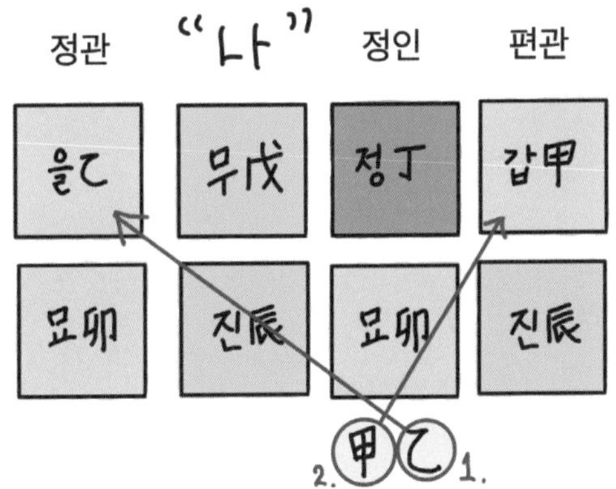

그림31 여기와 본기의 투간

묘卯에서 갑甲과 을乙이 모두 천간에 투간되었습니다. 이렇게 모두 투간된 경우에는 지장간의 순서에 따라서 격을 잡습니다. 본기本氣가 우선이고 다음에 여기餘氣가 됩니다. 묘의 경우에는 갑이 여기이고, 을이 본기이니 을로 격을 잡습니다. 편관격에서 정관격으로 변했습니다. 하지만 정관과 편관이 동시에 나타나면 정관도 편관처럼 작용합니다. '나'인 무戊는 뿌리가 있어서 신강身强했다가 '나'를 극하는 목木이 많아서 다시 신약身弱해졌습니다. 신약해진 경우에는 '나'를 돕는 정인正印 정丁을 용신用神으로 잡습니다.

일본의 유명한 역학자인 아베 타이잔阿部泰山은 월지 기간별로 사령하는 기운에 따라 용신을 잡는 월령분일용사月令分日用事라는 개념으로 인기를 끌기도 했습니다. 지금은 쓰지 않는 방법이지만 나름 이치가 닿는 면이 있습니다. 기간별로 사령하는 기운이 다르니 사령하는 일에 맞는 지장간으로 격을 잡는 방법입니다. 만세력 어플에서도 사령하는 지장간을 빨간색으로 표시해주고 있으니 참고하시면 됩니다.

| 식신상관격

월지가 식상이거나 식상이 투간되었을 때 식신상관격이 됩니다. 식신상관격은 기본적으로 재성을 좋아합니다. 내 말과 내 몸을 써서 재물을 만들게 되니 그렇습니다. 반대로 상관은 정관을 만나는 것을 가장 좋지 않게 봅니다. 상관의 부정적인 에너지가 잘못 쓰이는 경우입니다. 식신상관격 중에서 목 일간이 화를 보면 나무가 불을 밝게 한다고 해서 좋은 격으로 봅니다. 이를 가리켜서 목화통명木火通明이라고 합니다. 금 일간이 식상인 수를 보면 금백수청이라고 하여 역시 좋은 격으로 봅니다. 식신상관격은 내 몸으로 무언가를 만들어내기에 예술가가 많고, 재성을 잘 만나면 부자 사주의 구성입니다. 상관이 지나치게 강할 때는 인성으로 극하는 것이 좋습니다. 상관격에 인성이 용신되면 크게 성공하는 사주 구성이 됩니다. 이제 다음의 사례를 보겠습니다.박재완, «명리요강»(역문관), 148쪽

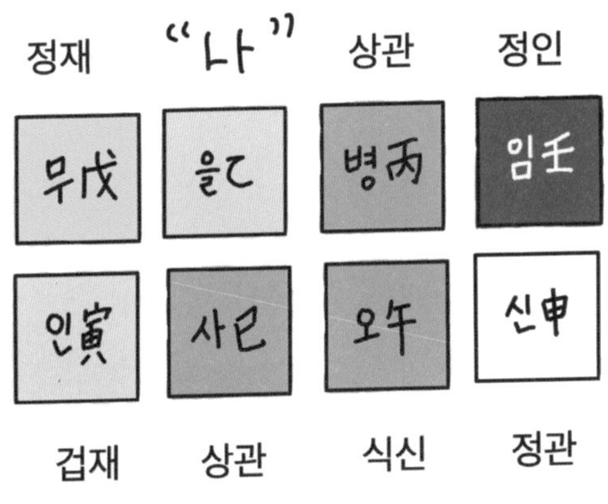

그림32 상관격에 인성용신 사주

을乙이 식신월에 태어나고 상관 병丙이 투간되어 있어서 상관격입니다. 상관 화火의 기운이 매우 강합니다. 상관은 내 에너

지를 심하게 빼서 쓰는 성분이라 나를 도와주면서 뜨거운 열기를 식혀줄 임壬수가 용신用神입니다. 또한 상관이 무戊 정재를 만났기에 돈을 많이 벌 수 있습니다. 임이 용신이기에 용신을 극하는 운運은 좋지 않습니다.

상관을 가진 분들은 총명합니다. 부정적으로 표현하자면, 직설적으로 말하고 자만심을 가질 수 있습니다. 이런 능력으로 돈을 벌면 좋지만, 직장 생활을 하면 조직 사회 적응에 어려움이 있습니다. 여자 사주에서 상관이 강하게 발달해 있으면 남자분과의 관계에서 트러블이 생길 가능성이 높습니다. 남자분의 잘못된 점을 직설적으로 지적하는 등 여러 경로로 관계가 나빠집니다. 이런 경우에는 상관의 에너지를 돈 버는데 집중해서 쓰시면 좋습니다.

재격

월지가 재성이거나 재성이 투간되었을 때 재격이 됩니다. 재물은 정재와 편재를 가리지 않고 다 좋게 봅니다. 과거에는 정관격을 최고로 좋게 봤지만 요즘 시대에는 단연 재격입니다. 재격은 재물을 소유물로 써야 하기에 내가 강해야 합니다. 신약身弱하면 비겁이나 인성으로 도와줘야 좋습니다. 재성이 강해서 신약한 경우에는 비겁이 좋고 관살이 있어서 신약한 경우는 인성이 좋습니다. 내가 매우 강하고 재성이 약할 경우에는 식신 상관으로 재물을 생生해주거나 재성운이 와야 좋습니다. 정재는 투기성이 약하고 정도를 따라 알뜰하게 재물을 모으려고 하는 성향이 있고, 편재는 다소 투기적인 성향이 있습니다. 이제 다음 사례를 살펴보도록 하겠습니다. 심효청, 《자평진전평주》(도가), 352쪽

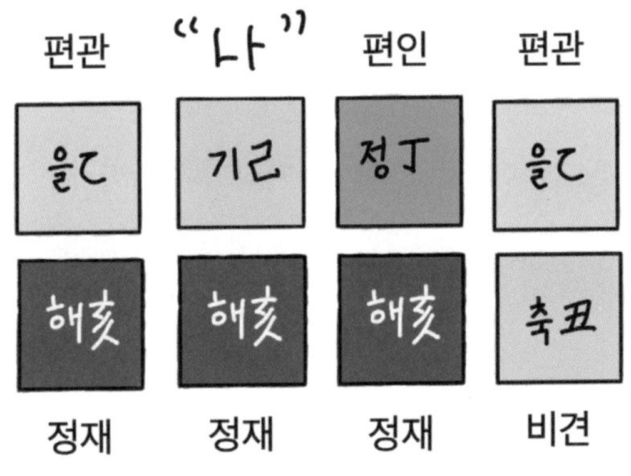

그림33 재격에 인성용신 사주

기己 일간이 해亥월에 태어나서 정재격이 됩니다. 정재도 많으면 편재처럼 성격이 바뀝니다. 일간은 연지에 통근했으나 재성과 편관이 있어서 신약해진 사주가 됩니다. 정丁이 옆에서 따뜻하게 토土를 데워주고 있어서 용신이 됩니다. 정은 기를 생해주면서 동시에 조후調候, 생명이 잘 자랄 수 있는 환경이나 기후도 맞춰주고 편관 을乙도 정을 생해주고 있으니 사주가 아름답게 되었습니다.

| 정관격

월지가 정관이거나 정관이 투간되었을 때 정관격이 됩니다.

정관正官은 나와 음양이 다르면서 나를 극하는 성분입니다. 정관격인 사람은 보수적인 면이 있습니다. 규칙에 맞게 살려고 합니다. 규칙에서 벗어나는 것을 싫어합니다. 과거 시대에는 정관격을 최고의 격으로 쳤습니다. 개성이 강하고 다양한 현대 사회에서는 정관격의 가치가 예전만 못하긴 합니다. 하지만 여전히 조직 생활에는 적합한 격입니다. 정관은 나를 극하기에 내가 신약하면 좋지 않습니다. 이미 약한 몸이라면 정관이라도 나를 극하려고 하기에 버티지 못합니다. 신약한 사주에는 나를 도와주는 인성을 용신으로 씁니다. 반대로 내가 매우 강한데 관성이 약한 경우는 오히려 관성을 도와주는 재성을 용신으로 씁니다. 정관이라도 사주에 여러 개가 있는 경우는 편관처럼 작용합니다. 정관격은 일반 회사 직원, 행정, 재무, 공무원 등에 좋습니다. 이제 다음의 사주를 보겠습니다. 박재완, 《명리요강》(역문관), 131쪽

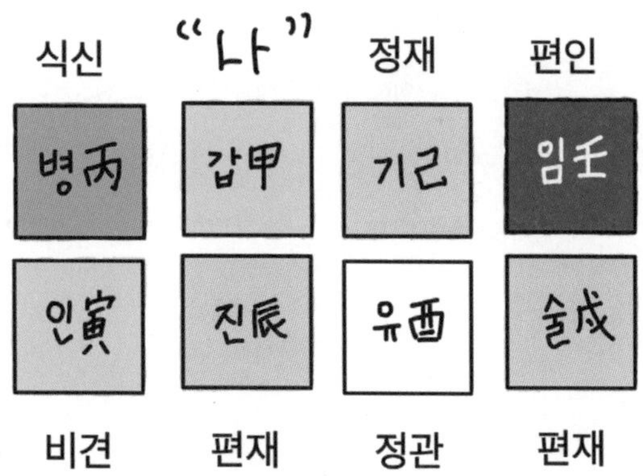

그림34 정관격에 인성용신 사주

갑甲이 유酉월에 태어나서 정관격입니다. 갑은 일지와 시지에 단단히 통근하고 있어서 약하지 않습니다. 그럼에도 정관과 정재의 힘이 조금 더 강하기에 임壬을 용신으로 합니다. 수水운이 오면 조직 내에서 크게 인정받게 됩니다. 수를 생하는 금金운도 좋습니다.

| 편관격

월지가 편관이거나 편관이 투간되었을 때 편관격이 됩니다. 편관偏官은 나와 음양이 같으면서 나를 극하는 성분입니다. 나를 심하게 극하기 때문에 반드시 해결해야 하는 성분입니다.

이를 해결하는 방법으로는 우선 식신 혹은 상관을 사용하여 편관을 제압하는 것을 들 수 있습니다. 또한 인성으로 하여금 편관을 타일러서 나를 생하게끔 하는 방법도 있습니다. 식상을 사용하여 제압하는 방법은 빠르고, 인성으로 인화仁化시키는 방법은 좀 느립니다. 만약 일간이 매우 강하고 반대로 편관이 허약하면 재성을 사용하여 편관을 생하는 방법도 있습니다. 앞에서 지적한 것처럼, 편관은 직업으로 보면 이공계, 군인, 경찰, 법조계, 특수직 공무원소방, 안전 등 등과 인연이 많습니다. 단 신약하고 편관이 강하며 운이 좋지 못할 경우에는 허약하고 삶이 힘들어집니다. 박재현, 《박도사 명리학》(복사물), 123쪽

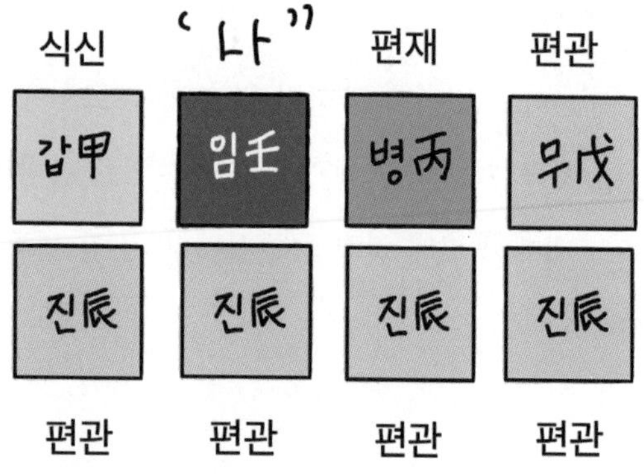

그림35 편관격에 식신용신 사주

편관의 힘이 매우 강한 사주입니다. 임壬 일간은 진辰에 뿌리는 있지만 편관이 너무 강한 것이 문제라서 식신 갑甲이 편관을 누르는 용신입니다. 목木이 강해지는 수목운水木運을 만나면 크게 성공할 수 있고 반대로 운에서 갑을 극하는 금운金運이 오면 목숨도 위험할 수 있습니다.

| 인수격

정인과 편인을 합쳐서 인수印綬라고 부릅니다. '나'를 생하는 좋은 성분이기에 정인과 편인 구분 없이 인수격이라고 합니다. 인수격은 공부, 명예, 지위가 올라가니 좋은 격입니다. 인수격이 발달하면 교수, 학자, 연구원 등으로 큰 성공을 거두기도 합니다. 인성은 관성의 생함을 받는 것을 좋아합니다. 관성조직, 회사이 인성인정을 생해줘서 조직 내에서 인정받기 때문입니다. 다만 인성도 적당해야 하고, 너무 강하면 재성으로 극을 해줘야 합니다. 이제 다음의 예를 보겠습니다. 심효청, 《자평진전평주》(도가), 370쪽

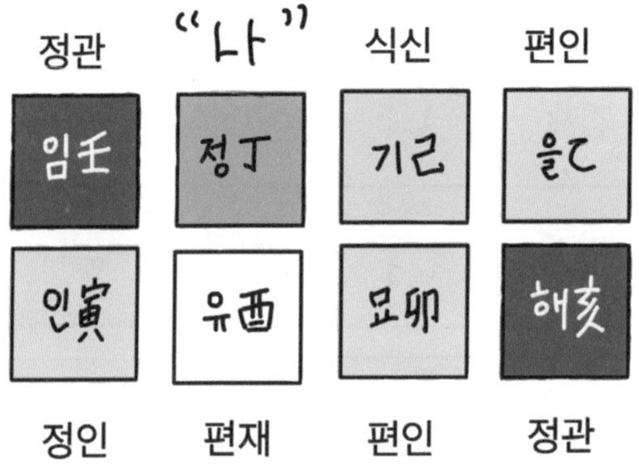

그림36 인수격에 편재용신 사주

편인 묘卯월에 태어나고 천간에 을목이 투출해서 인성이 매우 왕한 사주입니다. 게다가 정관까지 인성을 생하고 있어서 아주 강합니다. 강한 인성을 극하는 편재 유酉가 용신입니다. 생각이 너무 많은 것이 병病인 사주에서 금재물을 통해서 현실 감각을 보완해주는 사주입니다.

건록격

건록격建祿格은 월지에 나와 음양오행이 같은 비견이 있을 때 성립합니다. 월지가 같은 글자라서 자기에게 맞는 계절을 얻었으니 신강한 사주입니다. 신강할 경우에는 식재관食財官을 용신으로 삼을 수 있습니다. 보통 건록격을 자수성가하는 사주라고

합니다. 월지에서 도움 받을 수 있는 성분이 오직 나이기에 스스로 일어서야 합니다. 이미 신강한 사주라서 보통 인성과 비겁은 좋지 않습니다. 다음의 예를 보겠습니다.

그림37 건록격에 편관용신 사주

신辛 일간이 유酉월에 태어나고 인성의 생함을 받고 겁재까지 있으니 매우 신강한 사주입니다. 편관 정丁과 정재 인寅을 모두 사용할 수 있는 사주입니다. 이미 내가 강하기에 금토운金土運은 좋지 않고 목화운木火運이 좋습니다.

양인격

양인羊刃은 양간의 겁재 지지 글자를 말합니다. 갑甲에는 묘卯가 양인이고 병丙과 무戊에는 오午, 경庚에는 유酉, 임壬에는 자子입니다. 음일간은 해당하지 않습니다. 양인의 인刃은 칼을 뜻하기에 내 재물을 탐하는 도둑에 비유하기도 합니다. 양인이 들고 있는 칼을 편관의 직업에서 사용하게 되면 대성합니다. 양인격에 편관용신인 사주는 법조계, 의료계 등에서 성공하는 경우가 많습니다. 양인의 흉폭함을 잘 다스리면 성공하지만 양인을 더욱 강하게 만들면 좋지 않습니다. 이제 다음의 사례를 살펴보도록 보겠습니다. 박재완, 《명리요강》(역문관), 152쪽

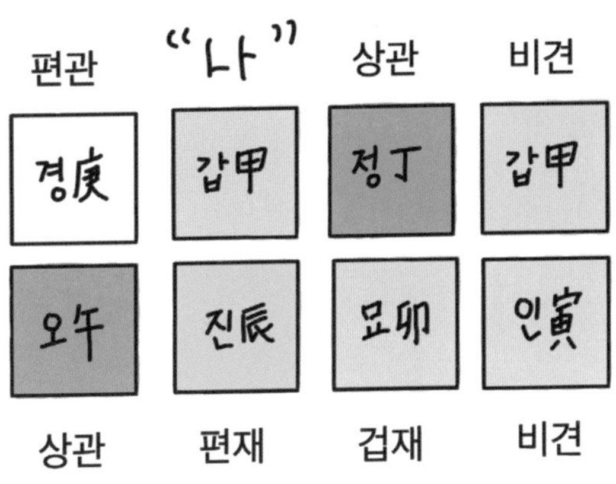

그림38 양인격에 편관용신 사주

'나'인 갑甲이 양인격에 비견도 많아서 매우 신강합니다. 상관으로 힘을 빼주는 것도 좋고 편관 경庚으로 제압하는 것도 좋습니다. 경이 오午 불위에 앉아 있어서 다소 약합니다만 토금土金 운에 권력으로 성공할 수 있습니다. 반대로 강한 목木을 더욱 강하게 만드는 수목水木운은 매우 불길합니다.

4장

[용신편] 내 사주의 지향하는 바는 무엇인가

앞에서 내가 강한지 약한지를 배웠고 사주 안에서 무엇이 강한 세력인지도 판별하는 법을 배웠습니다. 이제 내가 어떠한 방향으로 나아가야 사주 안에 있는 강한 세력을 활용해서 좋은 인생을 살 수 있는지를 배우게 됩니다.

용신이란

용신用神은 내 사주의 운전기사에 비유됩니다. 좋은 운전기사를 만나면 내가 가진 능력격국格局을 활용해서 목적지에 빠르게 도달할 수 있습니다. 내 사주는 차에, 운은 도로에 비유합니다. 차도 좋고, 도로도 좋고, 운전기사도 좋으면 '나'의 인생은 행복

할 것입니다. 차도 좋고, 도로도 좋은데 이상한 운전기사를 만나면 목적지가 아닌 이상한 곳으로 향하게 되니 인생이 풀리지 않습니다.

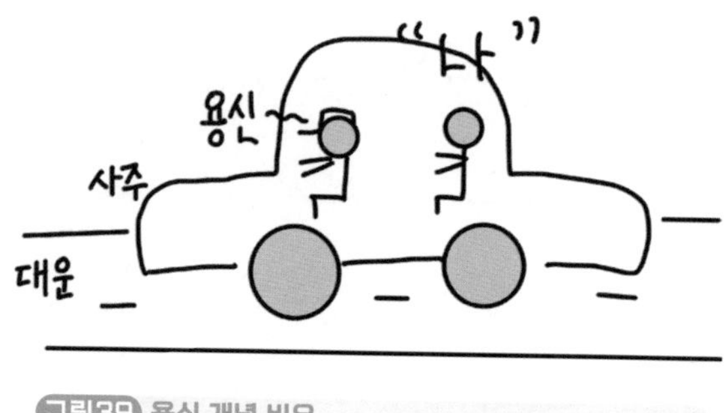

그림39 용신 개념 비유

용신에 대해서는 여러 가지 의견이 존재합니다. 용신을 절대적으로 생각해서 용신 위주로 운명을 판단하는 방법이 있는가 하면 용신이 중요하기는 하지만 다른 요소들도 종합적으로 관찰하여 운명을 판단하는 방법도 있습니다. 용신운用神運이라고 해서 삶의 모든 것이 마냥 좋지는 않습니다. 전체적인 운의 경향이 상승이라서 일이 잘 풀리고 주변의 도움도 받지만 그 와중에 불행한 일이 생기기도 합니다. 기신운忌神運, 용신운과 반대되는 좋지 않은 운의 경우, 기본적으로 힘들기는 하지만 그와 동시에 좋은 일도 있기 마련입니다. 물론 용신用神을 아는 것은 중요하지만 용신이 만병통치약은 아니라는 사실 또한 반드시 기억해야 합니다.

용신 찾는 법

용신을 찾는 법에 대해서 설명하겠습니다. 크게 보면, 다섯 가지 방법이 있습니다. 한자 용어를 그대로 가져와서 조금 복잡해 보이지만 원리는 간단합니다.

물론 실제 사례에서는 어떤 방법을 적용하는 게 좋을 지 애매한 경우가 많습니다. 내 사주의 운전기사인 용신이 분명할수록 좋습니다. 어떤 글자가 운전기사인지 명확하지 않으면 그만큼 사주 풀이도 목적지를 잃고 헤매기가 쉽기 때문입니다.

- **억부법**抑扶法 – 신강, 신약 판정을 기반으로 '내'가 약하면 비겁이나 인성으로 도와주는 글자를 용신으로 잡습니다. 예를 들어 재성이 강해서 내가 신약해진 경우에는 재성을 극할 수 있는 비견이나 겁재를 용신으로 선택합니다. 관성이나 식상이 강해서 내가 약해진 경우는 인성으로 용신을 잡습니다. '내'가 신강할 때는 힘을 약하게 하는 것이 좋으니 식재관식상, 재성, 관성 중에서 씁니다. 용신은 사주 안에 있는 글자 중에서 골라야 합니다.

- **병약법**病藥法 – 사주 중에 병이 있다고 보고 병을 없애는 약을 용신으로 잡는 방법입니다. 사주 중에 과하게 많은 글자가 병이 됩니다. 이 방법은 억부법과 개념적으로 유사합니다. 사주 중에 과하게 많은 글자를 제거하는 글자를 용신으로 잡게 됩니다. 그런데 억부법과 완전 다르게 잡는 것은 아니고 일간이 신강, 신약한 지를 같이 고려하셔야 합니다.

- **조후법**調候法 – 생명론을 기반으로 한난조습寒暖燥濕의 관점으로 용신을 잡는 법입니다. 따뜻한 지 추운 지, 습한 지 건조한 지를 고려합니다. 더우면 식혀야 하고, 추우면 따뜻하게 만들고, 습하면 건조하게 하고, 건조하면 윤택하게 합니다. 다만 조후 용신을 잡을 때에도 (다른 용신도 마찬가지이지만) 무력無力한 글자를 잡으면 안 됩니다. 뿌리가 튼튼한 글자를 잡아야 합니다. 용신 스스로 언제 쓰러질 지 모르는 글자는 의미가 없습니다. 조후용신운이 오게 되면 건강하고, 정신적으로 행복한 삶을 사는 경우가 많습니다. 박재범, 「명리학의 적천수, 자평진전, 궁통보감 용신론 비교 연구」 (국제뇌교육종합대학원대학교)
- **통관법**通關法 – 오행 글자끼리 심하게 극하고 있으면 이를 소통시키는 글자가 용신이 됩니다. 예를 들어서 화火와 금金이 서로 강해서 대치하고 있으면, 화생토火生土 토생금土生金으로 이어질 수 있는, 극하지 않고 서로 생하도록 이어주는 글자인 토土가 용신입니다.
- **전왕법**專旺法 – 사주가 한 가지 오행으로 힘이 강할 때는 억부법이나 병약법을 쓰지 않고 강한 힘을 따라가는 것을 용신으로 합니다. 너무 강한 것은 억제하려 하면 오히려 화를 입기에 그 기세를 따르는 이치입니다. 사주에서 목木이 너무 강하면 금金으로 극하는 것이 아니라 목을 더 키워주는 수水, 목, 화火 중에서 용신을 잡습니다. 화로 강할 때는 목화토가 길하고, 토는 화토금, 금은 토금수, 수는 금수목의 운이 좋습니다.

위에 소개된 다섯 가지 방법이 실제 사례에서는 엄격하게 구분되지 않습니다. 물론 각각의 방법들에 대해 제대로 개념을 파악하기 위해서는 하나하나 개별적으로 이해해야 합니다. 하지만 막상 사례를 분석할 때에는 다섯 가지 모두 한번에 고려해서 용신을 잡아야 합니다. 그러면 이제 실제 사례를 살펴보도록 하겠습니다.

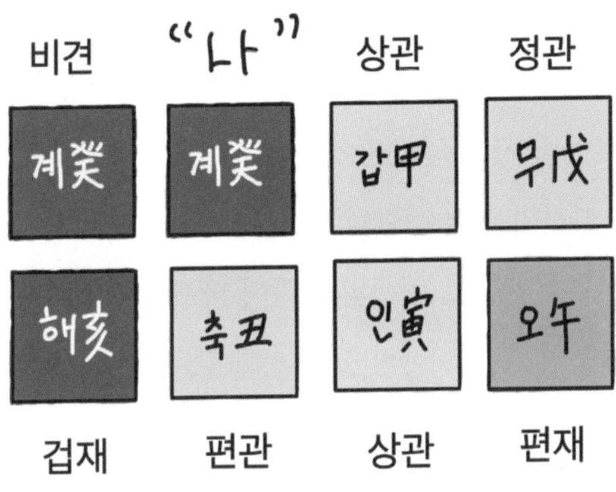

그림40 상관격에 편재용신 사주

인寅월이면 양력 2월이라 입춘이 지나기는 했어도 아직 추운 시기입니다. 일간 계癸는 시주에 비견 겁재가 있지만 월주는 상관이고 재성과 관성이 많아서 약간 신약해진 사주입니다. 월지 인에서 천간에 갑甲이 투출되어 상관격입니다. 상관이 정관을 직접 바라보고 있어서 옛분들이라면 가장 안 좋은 사주로 꼽을 수 있는 형태입니다. 다행인 점은 계축癸丑 일주는 인묘寅卯 공망空亡이라서 상관의 힘이 많이 약해졌습니다. 흉신凶神의 경우에는 공망되는 것이 좋습니다. 일주가 약간 신약해져서 인성印星 금金을 용신으로 잡으면 좋겠지만 인성이 없습니다. 대신 조후할 수 있고 상관이 정관을 극하지 않게 상관의 힘을 빼는 오午 편재를 용신으로 씁니다. 이 사주의 사례는 화火 대운에서 크게 발달해서 상장사 대표가 되고 많은 돈을 벌었습니다. 상관의 힘이 돈 버는 쪽으로 흘렀고 운도 와서 좋게 된 경우입니다.

만약 이 사주가 재성 오午가 없고 대신 인성 경庚이 있었으면 어떻게 되었을까요? 인성은 공부의 별입니다. 공부를 더 하고 자격증을 따던지 해서 상관의 힘을 억제하게 됩니다. 강의나 교육, 영업, 교수 등으로 인생의 방향이 바뀌었을 겁니다. 처음에 설명 드렸듯이 용신은 나의 삶의 방향을 바꿔주는 역할을 합니다. 사주를 이해하고 용신을 찾는 과정은 곧 내 인생의 방향을 설정하는 과정입니다.

PART

04

내 운은 어떠한가

이제까지 생년월일시를 확인하면 파악되는 사주팔자에 대해서 배웠습니다. 무엇보다도 내 사주를 구성하는 글자들과 어떤 세력이 가장 강한지와 내 사주를 잘 활용하기 위해서 어떤 힘이 필요한지에 대해 배웠습니다. 4부부터는 시간에 따라서 바뀌는 운運에 대해서 배웁니다.

1장

천간 합충

사주팔자 자체는 정靜적 상태이지만, 운運에서 어떤 글자가 오며 일어나는 작용으로 동動적으로 바뀝니다. 살면서 겪는 여러 사건 사고는 이런 상태에서 일어납니다. 언제 동적 변화가 생기는지 배워야 제대로 운을 볼 수 있습니다.

천갑 합合

합合은 두 개가 하나로 결합되는 것을 말합니다. 양陽과 음陰은 플러스와 마이너스 성질의 경우처럼 서로 끌어당기게 됩니다. 10개의 천간 글자 중에서 음양이 다른 글자가 서로 합을 합니다. 아래는 5개의 천간합입니다.

- **갑기합토**甲己合土 – 갑甲과 기己가 만나서 토土가 됨
- **을경합금**乙庚合金 – 을乙과 경庚이 만나서 금金이 됨
- **병신합수**丙辛合水 – 병丙과 신辛이 만나서 수水가 됨
- **정임합목**丁壬合木 – 정丁과 임壬이 만나서 목木이 됨
- **무계합화**戊癸合火 – 무戊와 계癸가 만나서 화火가 됨

천간에서 자신과 다음 6번째 글자가 합合을 합니다. 재미있게도 서로 합하는 관계가 오행으로 보면 극剋하는 사이입니다. 극하기는 하지만 마음은 합을 해서 최종적인 오행을 만들어내는데 있습니다. 무엇이든 이루어지기 위해서는 극과 같은 작용이 필요합니다.

또한 합이라는 것은 때때로 글자를 묶는 효과가 있습니다. 자신을 버리고 합을 쫓아가기에 자기 글자의 작용력을 잃게 됩니다. 사주에서 좋지 않은 글자가 합으로 묶이면 좋은 작용을 하지만 좋은 글자라면 오히려 합 때문에 흉이 더 커집니다. 그리고 흥미로운 점은 합한다고 해서 마냥 모두 합하는 오행으로 변하지는 않는다는 것입니다. 지지에 어떤 글자가 있느냐에 따라 변하기도 하고 변하지 않기도 합니다.

천간 충沖

천간은 보이지 않는 에너지의 세계이기에 충沖을 인정하지 않는 경우도 많습니다. 충돌이라는 것은 물질끼리 부딪히는 현상이라서 천간에서는 극만 있고 충은 없다고 보기도 합니다. 따라서 지지의 경우와 달리 천간 충은 극하는 작용 정도로 이해하면 됩니다.

- **갑경충**甲庚沖 – 갑甲과 경庚이 극함
- **을신충**乙辛沖 – 을乙과 신辛이 극함
- **병임충**丙沖沖 – 병丙과 임壬이 극함
- **정계충**丁癸沖 – 정丁과 계癸가 극함
- **무임충**戊壬沖 – 무戊와 임壬이 극함

천간에서 자신과 다음 7번째 글자와 충을 합니다. 십성十星으로 보면 편관에 해당하고 일곱 번째에 있다고 해서 칠살七殺이라고 부릅니다. 충沖은 서로 밀어내는 작용을 뜻하는데 천간 충은 한쪽이 극을 당하기에 물리적인 충과는 좀 다릅니다.

자기장을 예를 들어 볼까요? 자석 두 개의 각 N극들을 서로 가까이 대면 밀어내는 현상충沖이 발생하게 됩니다. 밀어내기는 합니다만 서로에게 물리적인 충격을 심하게 주지는 않습니다. 그런데 만약 이 경우에 두 개의 자석을 단단히 붙잡고 가까이 가져다 대면 밀어내는 에너지가 더 강하게 작용합니다. 천간이 지지에 강력한 뿌리를 두고 있을 때 충의 세기가 더 강해지는 현상을 이에 비유할 수 있습니다.

그렇다면 합의 경우는 어떨까요? N극과 S극이 있다고 하면 쉽게 합할 수 있습니다. 그런데 반대로 두 개의 자석을 단단히 고정하면 합하기 쉽지 않습니다. 이렇듯 천간이 지지에 강력한 뿌리를 두고 있으면 합은 일어나지만 변화하지는 않는 현상이 발생합니다. 이것을 합이불화合而不化라고 합니다.

2장
지지 합충형파해

앞에서 배운 천간처럼 지지도 글자 간의 관계에 따른 변화가 발생합니다. 에너지의 세계인 천간에 비해서 물질의 세계인 지지는 변화의 정도가 더 크고 복잡합니다. 이제 다양한 지지 글자 간의 관계에 대해서 배워봅시다.

지지 합合

| 육합六合

지지합은 크게 보아 육합六合, 삼합三合, 방합方合으로 나뉩니다. 우선 육합부터 보겠습니다.

12개의 지지를 원형의 지구 위에 배열했을 때 지구의 자전 방향에 같이 있는 지지끼리 합을 합니다. 아래 그림처럼 회전 반경 내에 있는 지지끼리 쉽게 합이 일어납니다. 합은 음과 양이 만나서 짝을 짓는 행위입니다. 그 결과로 새로운 생명을 만들어냅니다.

그림41 지지 육합도

자子는 축丑을 만나 자축합토子丑合土가 되고, 인寅은 해亥를 만나 인해합목寅亥合木이 됩니다. 또한 묘卯는 술戌을 만나 묘술합화卯戌合火, 진辰은 유酉를 만나 진유합금辰酉合金, 사巳는 신申을 만나 사신합수巳申合水, 오午는 미未를 만나서 오미합화午未合火가 됩니다.

내 사주 안에 육합이 많다면 사람을 끌어모으는 능력이 있습니다. 다만 여러 사람과 묶이다 보니 내 맘대로 할 수 없다고 하는 한계가 있습니다. 음과 양이 만나서 새로운 오행을 만들어내지만 본래의 본성을 잃지는 않습니다. 또한 육합이 결합하는 세기는 그렇게 강하지 않습니다.

삼합三合

삼합三合은 각 오행의 생지生支, 왕지旺支, 묘지墓支 글자가 모여서 단단한 합을 이룹니다. 군주, 신하, 백성의 합에 비유하기도 합니다. 지지 합 중에서 가장 강력한 합입니다. 단단히 모여 있기에 국局이라고 부르기도 합니다.

목木은 해亥에서 장생長生하고, 묘卯에서 제왕帝旺이 되며, 미未에서 묘墓가 됩니다. 목국木局은 바로 이 해묘미亥卯未의 합입니다. 또한 화국火局은 인오술寅午戌의 합, 금국金局은 사유축巳酉丑의 합, 수국水局은 신자진申子辰의 합입니다.

삼합의 결과물은 양간陽干의 오행이 됩니다. 사주의 지지에서 삼합국三合局이 만들어지면 해당 오행이 사주에서 강력한 세력이 됩니다. 삼합이 되는 글자는 서로 120도씩 떨어져 있어서 정삼각형을 이룹니다.

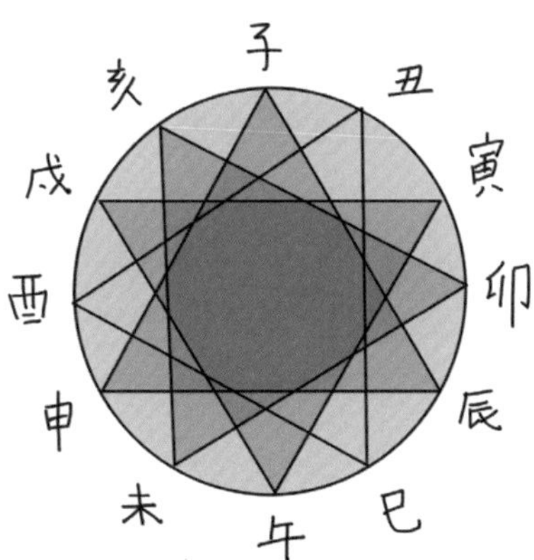

그림42 지지 삼합도

삼합의 글자 중에 두 개의 글자만 있는 경우도 있는데, 이를 가리켜 반합이라 합니다. 기본적으로 왕지旺支를 포함하고 있어야 성립합니다. 연구자들에 따라서는 왕지가 없는 경우에도 반합을 인정하기도 합니다.

| 방합方合

방합方合은 같은 계절의 글자끼리 모여서 이루어지는 합입니다. 봄은 인묘진寅卯辰이니 이 세 글자가 모이면 목木이 됩니다. 여름은 사오미巳午未, 가을은 신유술申酉戌, 겨울은 해자축亥子丑입니다. 같은 계절의 기운끼리 모였으니 그 힘은 가장 강하지만 결합하려고 하는 성질은 삼합이나 육합보다 떨어집니다. 합이라는 것은 음양이 다른 것이 모여서 새로운 것을 만들어 내려고 하는 성질인데 방합은 원래 계절의 친구들이 모여 있으니 새로 만들어낼 수가 없기 때문입니다.

지지 충형파해沖刑破害

| 지지 충沖

지지충은 180도 반대편에 있는 글자와 충沖을 합니다. 천간처럼 지지에서도 일곱 번째 글자와 충을 합니다. 서로의 관계를 보면 편관, 즉 칠살에 해당합니다. 모두 6개의 충이 있어서 육충六沖이라고 합니다.

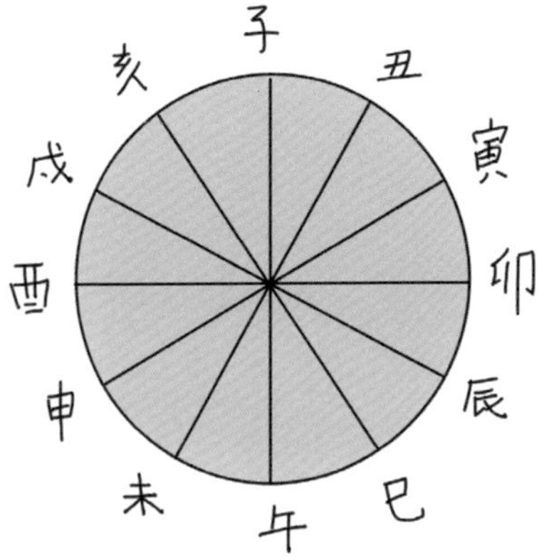

그림43 지지 육충도

지지의 충은 물질의 세계의 충이라서 천간 충보다 더 파괴력과 영향력이 큽니다. 사주 내에 지지 충이 있는 경우에는 우선 어느 궁끼리 충하고 있는지를 좀 살펴봐야 합니다. 예를 들어서 월일이나 일시에서 배우자궁이 충을 맞는 경우에는 아무래도 배우자 자리에 불안요소를 가지고 있는 셈이 됩니다. 불안요소가 있을 때 대운이나 세운에서 다시 형충파해의 운이 오게 되면 불안 요소가 가중됩니다. 만약 대운에서 충을 해소하는 운이 오면 해당 대운 동안에는 흉이 길로 바뀝니다. 예를 들어서 특정 오행의 기운이 강해서 극이 필요한 상황이면 충은 좋게 쓰입니다. 충을 가진 사주는 합이 있는 사주보다 역동성을 가집니다. 충은 정적인 상태에 있는 사주를 동적으로 만드는 강한 방법입니다. 충이 오는 운에는 변화가 강하게 생깁니다. 합이 많아서 답답한 사주에는 충으로 합을 풀면서 각성하게 하는 좋은 작용을 합니다.

| 지지 형파해刑破害

형刑은 형벌을 뜻하는 글자로 여기서는 지지의 세력끼리 어긋나 있는 모양을 가리킵니다. 곧 삼합과 방합 세력 간의 어긋남입니다. 해묘미亥卯未 목삼합木三合은 해자축亥子丑 수방합水方合을 형합니다. 신자진申子辰은 인묘진寅卯辰을 형합니다. 인오술寅午戌은 사오미巳午未를 형합니다. 사유축巳酉丑은 신유술申酉戌을 형합니다. 형 가운데 몇 가지는 충과 겹칩니다. 자형自刑은 스스로 기운이 넘쳐서 형이 된 경우입니다.

- **자형**自刑 – 해해亥亥, 유유酉酉, 오오午午, 진진辰辰
- **지형**支刑 – 자묘子卯, 인사寅巳, 사신巳申, 축술丑戌, 술미戌未, 축미丑未, 인신寅申
- **삼형**三刑 – 인신사寅申巳, 축술미丑戌未

사주 내에 인신사寅申巳 삼형이 있고 격이 잘 갖춰진 경우에는 법조인, 경찰 등에서 종사하는 경우가 많습니다. 인신사는 모두 생지生支의 글자라서 바쁜 인생의 사주가 됩니다. 축술미丑戌未 삼형의 경우에는 같은 토土끼리의 형이라서 인간 관계에서 구설수가 많이 생깁니다. 또한 피부를 상징하는 토를 형하기에 수술할 일이 생기기도 합니다. 격이 잘 갖춰진 경우에는 의료계 종사자도 많습니다.

• **파**破 – 자유子酉, 축진丑辰, 오묘午卯

파破는 90도로 떨어져 있는 글자와 성립합니다. 해害는 해친다는 뜻의 한자입니다. 글자 사이의 관계를 보면 합을 방해합니다. 원진살怨嗔殺과 같아서 원진으로 해석하면 됩니다. 원진살은 귀문관살과 비슷합니다. 합이 되지 않고 충도 되지 않는 기묘한 관계입니다.

• **해**害, **원진살** – 자미子未, 축오丑午, 인유寅酉, 묘신卯申, 진해辰亥, 사술巳戌

원진은 다툼의 상징이라서, 특히 배우자와의 관계에서 문제가 생기는 흉살凶殺입니다. 신살 중에서 작용력이 강한 편입니다. 원진이 되는 글자는 다른 글자가 옆에서 합을 하면 해소됩니다. 지지의 합형충파해의 경우, 서양의 점성술에서 유래한 것으로 추정하고 있습니다. 이용준, 「사주학의 역사와 격국용신론의 변천과정 연구」 (경기대학교 국제·문화대학원) 점성술에서도 이와 비슷한 관계성이 존재할 뿐더러 사주보다도 오래되었습니다.

3장

신살

신살神煞은 복을 가져다주는 길신과 화를 가져다주는 흉신을 합쳐서 일컫는 말입니다. 사주명리학 이론에서는 신살류를 잘 인정하지 않습니다. 고법 사주에서 유래된 개념이기 때문입니다. 신살이라는 것은 글자 간의 관계에서 성립됩니다. 특정한 글자들이 만나면 좋게도 작용하고 나쁘게도 작용합니다. 이의 근거는 명확하게 설명되어 있지 않는 경우가 많습니다. 이는 서양의 점성술에서 유래된 내용이 많아 그렇습니다. 이 책에서는 핵심적으로 알아야 하는 신살에 대해서 설명 드리도록 하겠습니다.

12신살

12신살은 12운성과 개념 상으로는 같지만 실제로 구하는 법은 다릅니다. 12신살은 연지를 기준으로 합니다. 일지를 기준으로 보기도 하지만, 이는 보조적으로만 사용합니다. 연지 기준 신살은 환경적인 영향으로 고려하고, 일간 기준 신살은 개인적인 심리에 초점을 맞춰서 해석합니다. 다행하게도 12신살은 만세력 어플에서 자세히 표시해주고 있습니다.

- **겁살**劫煞 – 연지를 기준으로 해묘미亥卯未년생은 신申이 겁살입니다. 해묘미는 목木운동의 삼합인데 신은 금金으로 이 운동을 방해하기에 겁박한다는 의미입니다. 12운성으로 보면 절絶에 해당하기에 운동성이 사라진 상태를 말합니다.
- **재살**災煞 – 일명 수옥살囚獄煞이라고 불립니다. 갇혀서 고통 받고 있는 상태를 뜻합니다. 사유축巳酉丑년생은 묘卯가 겁살입니다. 연지 삼합으로 금金의 운동을 하는데 왕지旺支를 충하는 글자가 재살입니다. 왕지는 장군에 비유하고, 재살은 적장에 비유하기도 합니다. 실제로 재살운에는 감옥에 가거나 송사에 휘말리는 일도 발생합니다. 12운성으로는 태胎에 해당합니다.
- **천살**天煞 – 천재지변을 뜻합니다. 신자진申子辰년생은 미未가 천살입니다. 연지 삼합의 앞 글자입니다. 12운성으로는 양養에 해당합니다. 천재지변을 당할 일이 별로 없으니 크게 작용하지 않습니다. 하늘에 기도를 올리거나 할 때는 천살 방향으로 하면

좋습니다. 미未라면 남동쪽에 해당합니다.

- **지살**地煞 – 지역을 돌아다닌다는 뜻입니다. 이동할 일이 많이 생깁니다. 인오술寅午戌년생은 인寅이 지살입니다. 연지 삼합의 첫 글자입니다. 근거리에서 이동이 잦기 때문에 가게 출입문을 지살 방향으로 하면 좋습니다. 12운성으로는 장생長生에 해당합니다.
- **년살**年煞 – 도화살에 해당합니다. 해묘미亥卯未생은 자子가 연살입니다. 12운성으로는 목욕沐浴에 해당합니다. 작용력이 강한 살입니다. 속칭 노는 일과 관련됩니다. 성적인 의미로도 쓰입니다. 가게 간판을 년살 방향으로 내면 좋습니다.
- **월살**月煞 – 일명 고초살이라고 불립니다. 씨가 말라버린다는 의미입니다. 사유축년생의 경우 술戌이 월살입니다. 12운성으로는 관대官帶에 해당합니다. 미성숙으로 인한 고통을 뜻합니다.
- **망신살**亡身煞 – 이 단어는 많이 들어보셨을 겁니다. 12운성으로는 건록建祿에 해당합니다. 자기를 드러내는 일이 발생합니다. 좋게 쓰이면 대중 앞에 나서서 인기를 얻을 수가 있기에 정치인, 연예인 등의 사주에 많습니다. 나쁘게 쓰이면 실제로 크게 망신 당하는 일이 생깁니다. 가령 편관과 망신살이 같이 있으면 관재가 따를 수 있습니다.
- **장성살**將星煞 – 12운성으로 제왕帝旺에 해당합니다. 강한 힘을 상징합니다. 삼합의 왕지 글자가 장성살이 됩니다. 일지에 장성을 놓으면 의지가 강합니다.
- **반안살**攀鞍煞 – 12운성으로는 쇠衰에 해당합니다. 정점에서 물러나 노련한 모습을 뜻합니다. 삼합의 왕지의 다음 글자에 해당합니다.

- **역마살**驛馬煞 – 삼합의 첫 글자를 충沖하는 글자가 역마입니다. 지살을 충하는 것이라서 지살보다 활동 범위가 넓습니다. 역마살운에는 해외 이동, 이사 등 이동할 일이 많이 생깁니다. 12운성으로는 병病에 해당합니다. 연지 기준으로 역마살운이라면 내가 이동할 환경이 주어지는 것이고, 일지 기준으로 역마살운이라면 내가 많이 돌아다니려고 하는 것으로 해석합니다.
- **육해살**六害煞 – 역마살의 다음 글자이며 12운성으로는 사死에 해당합니다. 말이 열심히 달리고 난 뒤에 지친 모습을 상징합니다. 육해살 운에는 아픈 일이 많이 생깁니다.
- **화개살**華盖煞 – 삼합의 끝 글자로 12운성으로는 묘墓에 해당합니다. 묘지에 누워 있어서 정신 세계가 열리는 것을 뜻합니다. 화개살이 잘 구성된 경우에는 연구원, 교수 등이 많습니다. 화개와 공망이 함께 있으면 종교인이 되기도 합니다.

길신류

| 천을귀인天乙貴人

천을귀인天乙貴人은 길신 중에서 최고로 꼽습니다. 천을귀인이 있으면 흉살을 없애고 총명하고 복이 많다고 합니다. 길신 중에서 천을귀인만 고려하는 경우도 많습니다. 천을귀인은 합을 좋아하고 충형파해를 싫어합니다. 천을귀인에 12운성으로 장생이나 건록, 제왕지 등이면 복이 더 크고, 이와 다르게 공망이나 사, 절 등에 해당하면 작습니다.

구분	甲戊庚	乙己	丙丁	壬癸	辛
천을귀인	丑未	申子	亥酉	巳卯	寅午

▲ [표7] **일간별 천을귀인**

방금 말한 것처럼, 천을귀인을 최고의 길신으로 치기 때문에 어떤 분들은 사주를 볼 때 먼저 천을귀인이 있는 지부터 찾아볼 정도입니다. 생일에 따라 양귀인과 음귀인을 나눠서 쓰기도 하는데 작용력에 다소 차이가 있습니다. 천을귀인이 있는 위치와 육친에 따라서, 해석이 달라집니다. 연지에 있으면 조상덕, 월지에 있으면 부모덕, 일지에 있으면 배우자덕, 시지에 있으면 자식복이 있다고 생각하면 됩니다. 정유일주의 경우에는 정丁 일간이라 유酉가 천을귀인입니다. 배우자 자리에 천을귀인이 있으니 배우자 복이 있고 유酉는 재성이라고 재물복도 있습니다. 그리고 천을귀인을 충하는 묘卯운은 좋지 않습니다. 운에서 천을귀인에 해당하는 글자가 오면 귀인의 도움도 있습니다.

예전 문헌에서는 천을귀인으로 이루어진 일주를 일귀격으로 보기도 했습니다. 정해丁亥, 정유丁酉, 계사癸巳, 계묘癸卯 등 네 개 일주입니다. 일주만으로 격을 잡는 것은 타당하지 않지만, 그만큼 천을귀인을 중요시했다는 반증입니다.

문창성文昌星

문창성文昌星은 일간 대비 지지에 식신이 있는 경우로 총명함을 뜻합니다. 합, 충, 공망을 싫어합니다. 신강해야 잘 사용할 수 있습니다.

구분	甲	乙	丙戊	丁己	庚	辛	壬	癸
문창성	巳	午	申	酉	亥	子	申	卯

▲ [표8] **일간별 문창성**

일간이 갑甲이면 병丙이 식신에 해당하는데 병이 지지로 내려가면 사巳이고 문창귀인에 해당합니다. 다만 병정丙丁 토土가 식신인데 신유申酉를 문창귀인으로 합니다. 식신이 잘 발달해 있어서 한 분야에 파고드는 전문성을 갖습니다. 근묘화실에 따라 문창귀인이 연지, 월지, 일지, 시지 중에 어디 있는지에 따라서 발달하는 시기도 구분이 됩니다. 문창성이 있으면 공부를 잘하는데 사주에서 인성이 잘 발달된 경우도 역시 공부를 잘하는 경우가 많습니다. 문창성은 자기가 좋아하는 것에 매진하고, 인성은 인내하고 깊이 사고합니다. 정유丁酉와 계묘癸卯일주의 경우에는 천을귀인과 문창귀인이 같이 있어서 좋은 일주가 됩니다.

천덕귀인天德貴人

천덕귀인天德貴人은 생월을 기준으로 합니다. 하늘이 은혜를 베푼다는 길성으로 흉이 있어도 길이 됩니다. 형충을 싫어합니다. 결혼, 이사 등 택일하는데 주로 적용합니다.

뒤에 흉살 부분에서 다시 다루겠지만, 기이하게도 인유寅酉와 묘신卯申은 아주 나쁜 원진의 관계이기도 합니다. 흉살이라는 것인지 길신이라는 것인지 헷갈리게 됩니다. 다시 한번 강조하지만 신살은 참고용으로만 생각하시면 됩니다. 용신을 가리고 희신인지 기신인지를 우선적으로 보아야 합니다. 희신과 길신이 같이 있으면 더 좋은 것이고 흉신과 기신이 함께라면 흉이 더 심해진다고 하는 정도로 해석하면 됩니다.

생월	寅	卯	辰	巳	午	未	申	酉	戌	亥	子	丑
천덕귀인	丁	申	壬	辛	亥	甲	癸	寅	丙	乙	巳	庚

▲ [표9] **생월별 천덕귀인**

흉신류

| 원진살怨嗔煞

흉살 중에서 가장 강한 것이 원진살怨嗔煞입니다. 싸우고 원망하고 이별하고 고독하게 만듭니다. 원진의 글자는 붙어 있어야 작용하며, 특히 일시에 원진이 있는 경우 부부 관계에 이상이 있음을 암시합니다. 연운에서 일지 대비 원진살운이 오는 경우에도 부부 관계에 문제가 생길 수 있는 해가 됩니다. 식상에 원진살이 있으면 남의 뒷담화를 잘하게 되어 다툼의 소지가 됩니다.

자미子未, 축오丑午, 인유寅酉, 묘신卯申, 진해辰亥, 사술巳戌

원진살은 대부분 귀문관살에도 해당하나, 인미寅未와 자유子酉만 다릅니다. 귀문관살은 귀신이 들린다고 하는 흉살입니다. 일지에 귀문관살 중 한 글자가 있어야 작용합니다. 귀문관살이 있는 경우 신경쇠약, 정신병, 변태성 등이 나타날 수 있습니다.

원진살은 만나지도, 헤어지지도 못하는 관계를 뜻합니다. 인유寅酉를 예로 들면 인의 입장에서 삼합이 되는 술戌과 충이 되는 신申의 중간에 놓인 글자가 유입니다. 합合이 되는 것도 아니고 충沖이 되는 것도 아닌 이상한 관계입니다. 만났다가 깔끔하게 헤어지는 게 좋은 관계입니다. 그런데 헤어지고 나서 또 만나는 것을 반복하는 관계가 있습니다. 원진살의 가장 안 좋은 사례입니다. 한 부부가 결혼과 이혼을 반복하는 경우도 종종 봅니다. 만나면 헤어지고 싶고, 헤어져 있으면 만나고 싶은 원진의 관계입니다. 배우자 자리인 일지에 원진살이 위치해 있거나, 남자 사주에서 재성과 원진이 함께 있거나, 여자 사주에서 관성과 원진이 함께 있으면 이성 문제가 발생할 확률이 높습니다.

귀문관살의 경우에는 영적인 직감이 강하게 작용합니다. 너무 예민해서 히스테리를 부리는 것처럼 보이고 이상한 집착을 하는 경우도 많습니다. 일반적인 사람의 눈으로 보면 아무것도 아닌데 민감하게 받아들이고 과대망상을 하기도 합니다. 귀문관살도 좋은 격에 있으면 고도의 집중력을 발휘하고 예술적인 영감이 뛰어난 사주가 되기도 합니다.

공망空亡, 천중살 天中煞

앞서 60갑자를 다룰 때에, 공망空亡에 대해서 사랑하는 사람과 끝내 맺어지지 못한 여인의 한으로 비유했습니다. 공망은 그릇이 비는 현상이므로 기신忌神에 공망이 들면 오히려 흉이 길로 변합니다. 반대로 길신이 공망되면 길이 흉으로 변하게 됩니다. 월에 공망되면 부모 형제와 떨어져 지내는 경우가 많습니다. 시에 공망되면 말년에 고독할 수 있음을 암시합니다. 식상이 공망되면 과장되게 말하는 경우가 있고 여자의 경우 출산의 어려움을 겪기도 합니다. 공망이 같은 일주 간에는 말이 잘 통하는 좋은 인연이 되기도 합니다. 사주의 지지가 모두 공망인 글자가 되면 오히려 큰 인물이 된다고 합니다. 반대로 내 공망이 상대방의 일지에 있으면 뜻이 맞지 않게 됩니다. (공망되는 글자에 대해서는 60갑자편을 참고하시면 됩니다)

- 갑자甲子순 술해戌亥공망
- 갑술甲戌순 신유辛酉공망
- 갑신甲申순 오미午未공망
- 갑오甲午순 진사辰巳공망
- 갑진甲辰순 인묘寅卯공망
- 갑인甲寅순 자축子丑공망

백호대살白虎大煞

느낌 상으로는 신살 중에서 백호대살白虎大煞이 가장 무섭습니다. 원래 뜻은 길가다가 호랑이에 물려 죽는다는 것입니다. 물론 지금은 호랑이가 없어졌지만, 실제 사고수나 수술수 등에는 백호대살이 작용합니다. 백호대살이 있다고 해서 모두가 그러한 흉사를 겪는 것은 아니지만 흉사를 겪는 분들 중에는 백호대살을 가진 분들이 많습니다. 즉 충분조건은 아니고 필요조건 정도입니다. 60갑자 중에서 다음 7개가 백호대살에 해당합니다.

갑진甲辰, 을미乙未, 병술丙戌, 정축丁丑, 무진戊辰, 임술壬戌, 계축癸丑

공통적으로 진술축미辰戌丑未 토土를 깔고 앉아 있는 특징이 있습니다. 원래는 구궁도상 중앙에 위치한 60갑자가 백호대살에 해당됩니다.

구궁도의 유래는 다음과 같습니다. 중국의 하나라에서 우왕이 다스릴 때에 홍수가 발생했습니다. 그 당시 낙수洛水라는 강에서 큰 거북이가 나왔다고 합니다. 그 거북이 등에 있는 45개의 점으로 된 무늬가 아홉개의 궁에 배치되어 오늘날까지 운위되는 구궁도의 기원으로 알려져 있습니다.

백호대살이 어디에 위치해 있느냐에 따라, 조상연주이나 부모월주, 나일주나 자식시주 중 어디에 영향을 끼치는 지가 결정됩니다. 백호대살 자체가 흉살이기는 해도 그게 있다는 자체만으로 길흉이 나타나지는 않습니다. 의사와 같이 피를 보는 직업을 갖는 경우 백호대살이 좋게 작용하기도 합니다. 하지만 백호대살을 충형하는 운이 오게 되면 사고수 등을 조심해야 합니다. 어떤 분들은 물상대체물상과 상징적으로 비슷한 행위를 통해서 나쁜 운을 막는 방법의 하나인 인위적으로 피를 보는 방법을 권하기도 합니다.

| 탕화살湯火煞

탕화湯火는 뜨거운 불에 물이 팔팔 끓는 것을 뜻합니다. 옛분들은 끓는 물에 빠져 죽는 안 좋은 이미지를 떠올렸습니다. 물론 직접적으로는 끓는 물을 상징하며, 갑자기 끓어오르는 욱하는 성질을 의미하기도 합니다. 현대에 와서는 정신적으로 탕화가 좋지 않게 작용하는 경우가 많습니다. 신약한 사주인데 탕화가 있는 경우는 자살하기도 합니다. 화재와 같은 재난을 당한다거나 약물 중독에 빠진다거나 하는 일도 있습니다. 일지에 인寅, 오午, 축丑 이라는 글자가 있고 사주 중에 아래 글자들이 더 있으면 탕화살이 강해집니다.

- 일지가 인寅일 때에 인寅, 사巳, 신申이 더 있는 경우
- 일지가 오午일 때에 오午, 축丑, 진辰이 더 있는 경우
- 일지가 축丑일 때에 미未, 오午, 술戌이 더 있는 경우

글자들의 관계를 보면 탕화살이기도 하지만 형살刑煞이나 원진살怨嗔煞에도 같이 해당하는 경우가 많습니다. 그만큼 글자 사이에 상성相性이 좋지 않습니다. 탕화살이 있는데 격이 좋으면 화학 약품을 다루게 되거나 제약 회사에 다니기도 합니다.

괴강살魁罡煞

괴강살魁罡煞은 우두머리를 뜻하는 살로 힘과 권력을 상징합니다. 원래 북두칠성 가운데 우두머리를 뜻하는 네 개의 별사각형 모양에서 유래되었습니다.

경진庚辰, 경술庚戌, 임진壬辰, 임술壬戌, 무진戊辰, 무술戊戌

임진과 임술은 지지가 편관이고, 경진과 경술은 편인이며, 무진과 무술은 비견입니다. 무진과 무술은 나중에 괴강으로 추가되었습니다. 괴강살은 기본적으로 우두머리가 되려고 하는 속성이 있습니다. 예전에는 여자 사주에 괴강살이 있으면 좋지 않다고 봤습니다. 하지만 시대가 바뀌어서 괴강살이 있는 여자분들이 적극적으로 사회생활을 합니다. 조직 관리자로서 성공할 수도 있고 선생님이 되는 경우도 많습니다.

괴강살이 많게 되면 대충 넘어가지 않으려고 하는 속성이 있습니다. 논쟁하기도 좋아하고, 하는 일의 끝을 보려고 하기에 이런 집요함으로 결과를 만들어 냅니다.

괴강살이 있는 분들 가운데 외모적으로 미남, 미녀가 많습니다. 여자분의 경우 외모는 매우 아름다운데 심성은 오히려 남성적인 면을 갖게 됩니다. 괴강살은 형충하는 것이 좋지 않습니다.

| 도화살桃火煞

도화살은 12운성의 목욕沐浴입니다. 옷을 벗고 목욕을 하는 모습이니 어린 아이라면 귀엽겠지만 성인이 되어서 그러면 좋지 않겠죠. 일간, 일지, 연지를 기준으로 모두 확인합니다. 일간 기준 12운성의 목욕이 되는 지지나, 연지 기준 삼합의 생지의 다음 글자가 도화살입니다. 자오묘유子午卯酉 왕지旺支가 도화살에 해당하는 글자입니다. 사주 안에 왕지 글자가 있으면 계절의 정점을 뽐내듯이 도화살이 작용합니다. 현대 사회는 자기 PR 시대이기 때문에 도화살이 있으면 나를 뽐내는 능력으로 성공하는 경우가 많습니다. 다만 사주가 좋지 않고 나쁜 글자에 도화살이 겹치는 경우에는 부정적인 효과가 많이 나타납니다.

또한 옆에서 도화살을 도와주는 경우에는 도화살의 작용이 커집니다. 예를 들어, 자子가 도화인데 옆에 해亥가 있으면 수水가 강해져서 도화가 세집니다. 여자의 경우 관성이 도화와 합을 하거나 관성 자체가 도화인 경우에는 성적인 부분이 강해집니다. 남자의 경우 재성이 도화와 합을 하거나 재성이 도화인 경우에도 그렇습니다. 도화운이 오는 경우에도 도화살이 작용해서 성적인 일탈 욕구가 생길 수 있습니다.

도화살과 비슷한 홍염살紅艶煞이 있습니다. 갑오甲午, 병인丙寅, 정미丁未, 무진戊辰, 경술庚戌, 신유辛酉, 임자壬子, 임신壬申 일주가 이에 해당합니다. 주변에서 인기가 많은 사람들을 보면 홍염살이 있는 경우가 많습니다.

우리들은 유교 문화에서 자라서 성적인 부분을 금기시하는 경향이 있는데요. 하지만 이러한 성적인 에너지를 문화, 연예 산업에 활용하면 큰 성공을 거둘 수 있습니다. 물론 너무 드러내는 것보다 어느 정도는 적절하게 감추는 미덕을 가진다면 더 오랫동안 성공하겠지요.

4장

나의 운을 보는 법

사주를 보는 이유는 결국 내 미래의 운명을 알고 싶어서입니다. 나의 기질 같은 것은 다른 방법으로도 알 수 있지만, 미래 운명만큼은 그렇지 않습니다. 내 인생이 언제 풀릴까? 언제 조심해야 할까? 이런 질문의 답을 찾는 법에 대해 이제 본격적으로 공부할 예정입니다. 운을 정확히 해석하려면 앞에서 공부한 내용들을 충분히 이해하고 있어야 합니다. 잘 이해되지 않는 내용이 있으면 앞으로 돌아가서 다시 복습하시는 것이 좋습니다.

대운 보는 법

| 대운이란

대운大運은 용신을 설명할 때 도로에 비유합니다. 이것은 10년 단위로 진행하는 운을 말합니다.

보통 '대운이 들어왔다'라고 하는 표현을 좋은 의미로 사용하는데, 늘 그런 것은 아닙니다. 대운이 반드시 좋은 운을 지칭하는 것은 아니기 때문입니다. 물론 좋은 대운을 만나면 크게 발달합니다. 사주가 좋지 못한 사람이라 할지라도 좋은 대운에서는 그럭저럭 잘 살 수 있습니다.

대운 안에서 양간의 남자와 음간의 여자는 순행하고 음간의 남자와 양간의 여자는 역행합니다. 양과 음의 기준은 연간年干입니다. 예를 들어 병술丙戌년 무신戊申월에 태어난 남자는 순행해서 대운이 기유己酉, 경술庚戌 순이 되고 여자는 역행해서 정미丁未, 병오丙午 순이 됩니다. 만세력 어플 상으로 구현된 모습을 가져온 그림44는 여자분의 사주인데, 무술戊戌년 양간이라 역행합니다.

대운 위에 보면 숫자가 적혀 있는데 이것을 대운수라고 합니다. 해당 대운이 몇 세부터 적용되는 지를 나타냅니다. 대운수는 생일에서 다음 절입일절기가 들어오는 날까지 일수를 3으로 나눠서 나온 수입니다. 2가 남으면 반올림합니다.

(만세력의 월이 바뀌는 것은 절기의 절입일 기준입니다. 다

그림44 만세력 어플에서의 대운 표시 예

음 12개의 절입일에서 월이 바뀝니다: 입춘, 경칩, 청명, 입하, 망종, 소서, 입추, 백로, 한로, 입동, 대설, 소한)

사실 대운을 엄밀하게 계산하려면 절입일의 시간까지도 고려해야 합니다. 이석영, ≪사주첩경 4≫(한국역학교육학원), 59쪽 이렇게 하면 정확한 대운 교체 시기도 알 수 있습니다. 하지만 이런 방식은 다소 복잡하기 때문에 우리는 만세력 어플에서 자동으로 계산해서 보여주는 것에 한정해 다루도록 하겠습니다.

| 대운의 해석

대운도 60갑자로 천간과 지지가 있습니다. 대운에서는 지지가 중요하고 더 힘이 있습니다. 보통 지지가 목운이면 봄, 화운이면 여름, 금운이면 가을, 수운이면 겨울이라고 지칭합니다. 사주의 월지처럼 대운도 월지에서 나왔기에 지지를 중하게 봅니다.

예를 들어서 용신이 목木일 경우 갑인甲寅, 을묘乙卯처럼 목으로 이루어진 경우에는 아주 길하겠지만, 경인庚寅, 신묘辛卯인 경우는 천간이 지지를 극하고 있으면 좋은 작용이 줄어듭니다. 그럼에도 불구하고 지지가 강하기에 나쁘지 않습니다.

반대로 갑신甲申, 을유乙酉는 어떨까요? 이 경우는 기본적으로 금운이기에 목이 온다고 해도 기운이 매우 약하게 됩니다. 목의 작용은 2~3앞 2~3년 정도이고, 금의 작용이 7~8뒤 7~8년 정도 됩니다.

모든 대운마다 이렇게 강도를 나눠서 해석하기가 어려운 탓에 보통 편의상 천간 5년, 지지 5년으로 나눠서 해석합니다. 정확하게는 매 대운마다 엄밀하게 나눠서 해석해야 합니다. 본인의 사주라면 당연히 그렇게 해야겠지요. 이제 다음의 예를 살펴보도록 하겠습니다. 김동규, 《완역 적천수천미》(명문당), 722쪽

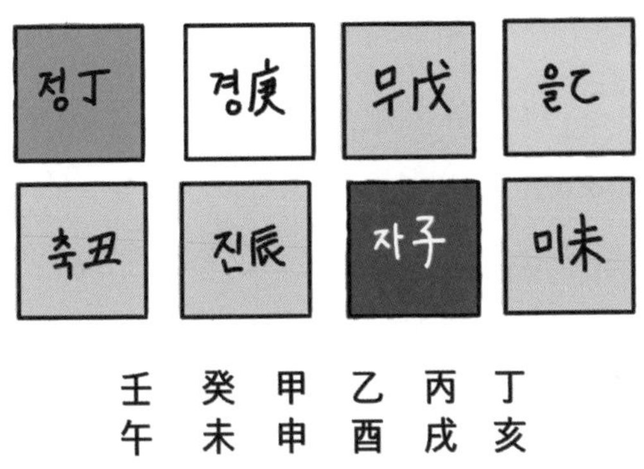

그림45 대운 사례

추운 자子월에 태어난 경진일주입니다. 토土가 많은 것이 병이고, 추운 것도 좋지 않아서 목木을 용신으로 써야 합니다. 목으로 하여금 화火를 생해주는 것이 좋습니다. 대운을 보면 을유乙酉, 갑신甲申은 목의 기운이 매우 약하고 금이 강해서 좋지 못한 운입니다.

대운과 용신을 대비해서 보면 운이 좋은 지 여부를 빠르게 알 수 있습니다. 대운이 용신이나 희신용신을 생하는 성분으로 흐르면 발달하고 성취합니다. 대운이 기신으로 흐르면 실패와 난관이 많습니다. 용신이 극을 당하거나 입묘하는 운에는 사망하는 경우도 많습니다. 대운이 용신이나 희신인데, 세운1년운이 용신이나 희신이면 더욱 좋고, 대운이 용신인데 세운이 기신이면 잠시 쉬는 정도입니다. 대운이 기신인데 세운도 기신이면 크게 흉하고,

세운이 용신이나 희신이면 다소 회복합니다.

대운이 안 좋은데도 문제 없는 경우가 있습니다. 금金이 기신인 사주에 경신庚申 운이 오면 좋지 않은데 사주 가운데 병정丙丁이 있다고 하면 금을 극해서 기신의 안 좋은 작용을 멈추게 합니다. 또는 사주 중에 임계壬癸가 있어서 금생수金生水로 작용을 바꾸면 흉이 길로 변합니다.

운이 올 때 운의 글자가 내 사주와 어떤 상생상극, 합형충파해의 관계를 갖는지 해석하는 게 핵심입니다. 관계가 형성되는 최종 결과가 용신이나 희신이면 대길大吉한 것이고, 용신이나 희신을 방해하면 흉이 됩니다.

예를 들어서 투자 계획이 있다면 용신 대운 중에서 세운이 기신일 때 투자를 하고 용신운 혹은 재성운에 투자금을 회수하면 좋습니다. 투자라는 활동은 '나'에게서 돈이 빠져나가는 것이기에 용신 대운이지만 기신운일 때 하면 좋습니다. 기신 대운일 때는 무리한 투자를 하면 안됩니다. 기존에 투자한 돈이 있다면 기신 대운이 오기 전에 정리해야 합니다. 좋지 않은 운에는 회사를 옮기거나 창업하는 것도 좋지 않습니다. 무리하지 않고 현상을 유지하면서 공부와 체력을 키우는데 집중해서 좋은 운이 왔을 때를 준비하는 것이 좋습니다.

세운 월운 보는 법

세운 보는 법

앞서 대운을 도로에 비유했지만, 내가 움직이는 지역에 비유하기도 합니다. 세운연운 혹은 태세라고도 합니다은 그 지역에 만나는 사람이나 인연에 해당합니다. 좋은 지역에 가서 좋은 인연을 만나면 당연히 좋겠지만, 이와 반대로 나쁜 인연을 만날 수도 있습니다.

세운을 1년 군주君主라고 하기도 합니다. 1년의 운을 관장하는 군주라는 것이지요. 1년 동안은 대운에 견줄만큼 영향력이 있습니다.

대운과 세운의 관계를 잘 살펴야 운의 좋고 나쁨을 정확하게 알 수 있습니다. 대운은 지지를 중요하게 보고, 세운은 천간을 중요하게 봅니다. 물론 천간이나 지지 다 중요하지만 상대적으로 그렇습니다.

대운과 세운의 관계를 구체적으로 들여다 보도록 하겠습니다. 화火가 용신인 경우에 대운이 병오丙午이고 세운이 갑진甲辰년이라고 하면 대운이 목의 생을 받아서 화의 기운이 더 강력해집니다. 이는 좋은 경우라고 볼 수 있습니다. 대운이 갑인甲寅이고 세운이 병오丙午년이면 좋은 대운환경에서 용신 세운인연, 기회을 만난 격이라 목생화로 용신인 불을 더욱 강하게 만들기에 크게 발달합니다.

반대로 병오丙午대운인데 세운이 임자라고 하면 대운과 세운이 천간과 지지 모두 서로 충의 관계로 싸움을 하는 모습이어서 크게 흉합니다. 이것을 다르게 해석하면 화 대운에서 내 능력을 펼칠 좋은 환경이 주어졌음에도 임자라는 잘못된 인연을 만나서 그 해는 아주 흉하게 됩니다. 임자가 내 사주에서 어떤 십성에 해당하는 지를 보면 그것이 돈이나 회사, 혹은 가족 등 가운데 무엇으로부터 비롯하는 지 추론할 수 있습니다. 또한 목木 용신인 경우 을미乙未 대운이면 좋은데 세운에서 경신庚申년을 만나면 을경합乙庚合으로 을乙이 금金으로 바뀌니을경합금乙庚合金 매우 좋지 않습니다. 만약 경인庚寅년이라면 경庚은 인寅에서 힘이 없기 때문에 12운성으로 절絶에 해당 을경합을 해도 금으로 변화하지 않아서 흉이 줄어듭니다.

기신 대운이라면 어떨까요? 화火가 용신用神이고 수水가 기신忌神인 사주에서 계유癸酉 대운이 오면 수가 금의 생을 받아서 좋지 않습니다. 만약 세운도 기신운이면 훨씬 더 안 좋겠죠. 그런데 세운이 을묘乙卯년이 되면 대운이 기신이지만 세운이 목이라서 수생목水生木으로 흉凶이 길吉로 변합니다. 대운과 세운이 서로 상생하는지 상극하는지 판단하고 이를 사주에 대입시켜서 해석하면 됩니다. 해석할 때 대운과 세운의 12운성, 12신살 등을 고려하면 더욱 세밀하게 해석할 수 있습니다.

월운 보는 법

혹자들은 월운의 지지가 월에 따라서 고정되어 있으니 천간을 위주로 봐야 한다고 주장합니다만, 계절의 조후調候가 중요한 사주학에서는 계절의 순환을 뜻하는 월의 지지도 중요하게 봐야 합니다. 인묘진 월에는 목이 성하고, 사오미에는 화, 신유술에는 금, 해자축 월에는 수가 성한 것은 당연한 이치입니다. 다만 이 때에도 천간을 같이 살펴야 합니다. 요약하자면 사주원국, 대운, 세운, 월운을 놓고 이것의 상호 작용을 면밀하게 살펴서 분석하는 것입니다. 실제 사건은 10년의 대운보다, 특정한 연이나 특정한 월에서 벌어지기 때문에 연운과 월운도 중요하게 살펴야 합니다.

하지만 이것을 모두 한자리에 펼쳐놓고 분석하는 것은 상당히 어렵습니다. 대부분의 책들은 운을 해석하는 방법에 있어서 대운 정도까지만 설명합니다. 세운에 큰 사건이 있는 경우에만 세운까지 조금 더 부연하여 다루는 식입니다. 월까지 설명하는 경우는 없습니다. 사실 월까지 무슨 일이 일어났는지 확인하는 것은 어렵기 때문입니다. 이 수준에서의 분석은 본인 외에는 할 수가 없습니다. 그러므로 본인의 삶에 대해 잘 대비하기 위해서는 스스로 자기 사주를 볼 수 있어야 합니다. 이게 바로 사주를 공부해야 하는 이유입니다.

PART 05

내 인생을 어떻게
설계할 것인가

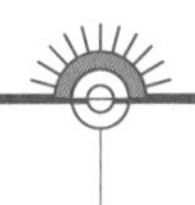

1장

사주로 MBTI를 알 수 있을까

4부까지 사주를 분석하고 미래를 예측하는 법까지 배웠습니다. 이제 우리는 한 단계 더 나아가 사주를 통해 내 인생 분석의 수준을 높이고 미래 계획까지 구체적으로 설계하는 비결을 배우도록 하겠습니다. 물론 인생에 정해진 답은 없습니다. 하지만 인생의 방향을 바르게 설정하고 그 방향으로 올곧게 노력하면 우리가 원하는 인생에 한 걸음 더 나아가게 될 것입니다.

성공적인 삶을 살기 위해서는 먼저 내가 어떤 사람인지를 이해하는 것이 가장 중요합니다. 이를 통해 나의 강점은 살리고 약점은 보완하기 위함입니다. MBTI는 나의 강점과 약점에 대한 좋은 정보를 제공해주는 쉽고 편리한 검사 방법입니다. 이를 사주로 재해석하고 여기에 더해 실제로 적용가능한 대안을 제시하고자 합니다.

MBTI vs. 사주

요즘 MBTI의 인기가 높습니다. MBTI마이어스-브릭스 유형 지표 Myers-Briggs Type Indicator는 작가 캐서린 쿡 브릭스Katharine C. Briggs와 그녀의 딸 이자벨 브릭스 마이어스Isabel B. Myers가 1944년에 개발한 자기 보고형 성격 유형 검사로 사람의 성격을 16가지의 유형으로 나누어 설명합니다. 심리학의 비전문가가 만들었음에도 사람을 간편하게 유형화하고 각 지표가 쉽게 이해되는 용어로 작성되어서 일반인들에게 큰 인기를 끌고 있습니다. 여기서 제시되는 개인의 성격 유형은 두 개의 태도 지표외향 E-내향 I/판단 J-인식 P와 두 개의 기능 지표감각 S-직관 N/사고 T-감정 F를 반영하는 4개의 알파벳으로 구성되어 있습니다.

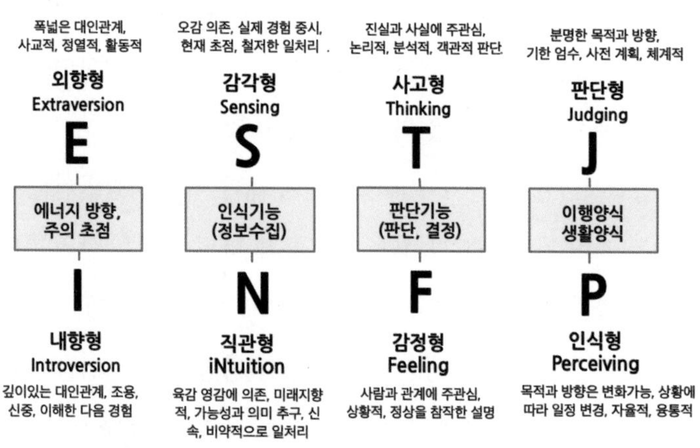

그림46 MBTI 주요 속성

개인적으로 MBTI 검사를 여러 번 해보니 검사 결과가 자주 바뀌었습니다. 이는 MBTI 검사가 주어진 환경에 따라 바뀐다는 것을 뜻합니다. 절대적인 것으로 받아들이지 말고, 현재의 환경에서는 내가 이렇게 반응하고 있다는 것을 알려주는 정도로만 받아들여야 합니다. 매우 신속하고 간단하게 사람을 유형화할 수 있기 때문에 모든 것이 빠르게 움직이는 요즘 사회에 걸맞게 상대방을 금방 파악하는 수단으로 쓰이고 있습니다. 다만 MBTI는 현재 상황에 따른 나의 반응을 지표화할 뿐입니다. 즉 왜 이런 지표가 나왔는지, 이것이 나에게 좋은지 나쁜지, 또한 앞으로 어떻게 살아가는 것이 좋은지에 대해서는 명확하게 알려주지 않습니다. MBTI 상의 각 유형들 사이의 궁합표를 살펴보면, 이에 대해 어느 정도 수긍할 수 있을 것입니다.

MBTI와 사주의 관련성을 해석하기 위해서 제가 운영하는 블로그[퓨처트리 명리산책]를 통해서 사람들을 모아 무료로 사주를 상담해주고 내담자의 MBTI를 수집했습니다. 이를 통해서 사주의 어떤 요소가 MBTI의 각 요소와 연결되는 지 분석해봤습니다. MBTI를 분석한 결과가 사주명리학의 관점과 상당히 일관성 있게 부합되어 결과에 대한 신빙성을 가지게 되었습니다.

물론 사주의 특징 하나로 MBTI를 추론하는 것은 맞지 않습니다. 음양오행과 십성의 관계, 그리고 격국과 용신 등을 분석해야만 정확한 MBTI를 도출할 수 있습니다.

MBTI와 사주의 상관관계를 연구한 기존 사례들이 있지만, 오행 혹은 격국에 따른 단순 분류 방식에 머무르고 더 이상의 충분한 설명을 하지는 못했습니다. 하지만 저는 축적된 데이터를 활용해 사주 전체를 분석하고 각 요소간 힘의 균형을 통해서 MBTI와의 관계를 추론할 수 있었습니다.

| E외향 vs. I내향

외향은 새로운 사람과 만나는 것을 좋아하고, 적극적으로 사회적 활동을 하는 것을 뜻합니다. 내향은 그에 비해서 혼자 있는 것을 선호합니다. 우선 비견, 겁재가 많은 사주는 외향형에 가깝습니다. 그리고 식신 상관이 발달한 경우에도 적극적으로 의사를 표현하고 관계 중심적이 되어서 외향형에 가깝습니다. 비겁이 많은 경우는 운명적으로 나와 비슷한 친구나 동료들과 적극적으로 엮이게 되므로 사회성이 강하게 됩니다.

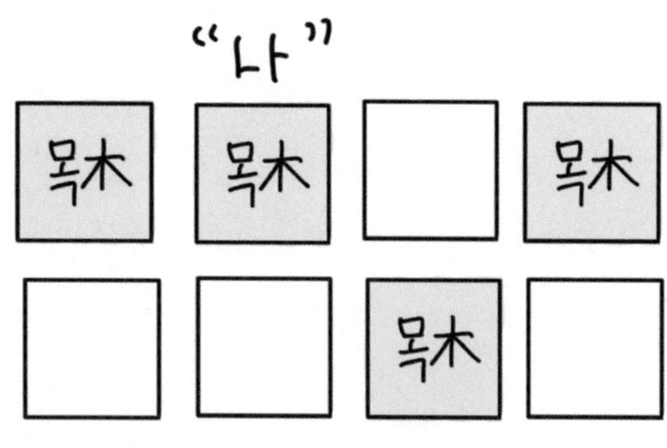

그림47 비겁이 많은 E 성향의 사주 예

이 그림처럼 내가 목인데, 사주 팔자八字 중에 목을 상징하는 글자가 3개 이상일 경우, E 성향일 확률이 매우 높습니다. 식신 상관은 나를 표현하는 성분인데요. 식신 상관이 없을 경우에는 표현이 서툴러서 비겁이 많아도 I 성향에 가까워집니다. 비슷한 의미로 인성은 생각의 성분입니다. 인성이 많을 경우, 생각이 많지만 표현하지는 않기에 I 성향이 나타납니다. 사주에 음의 글자가 많거나 금수 일간인 경우에는 I 성향이 올라갑니다.

대운에 따라서도 성향은 바뀝니다. 비겁이 없던 사람이 비겁운을 만나면 I 성향에서 E 성향으로 바뀔 수 있습니다. 식신 상관이 없어서 I 성향이라 해도 식신 상관이 강한 운을 만나면 E 성향으로 바뀔 수 있습니다. 따라서 시기에 따라 MBTI 검사 결과가 달라지는 것은 자연스러운 현상입니다.

또한 일간에 따라서도 차이가 있습니다. 오행 중에서 양에 해당하는 목, 화 일간은 E 성향 가능성이 조금 높고, 음에 해당하는 금, 수 일간은 I 성향이 조금 높습니다.

비견 겁재가 많은 경우	E 성향 확률이 높음
식신 상관이 많은 경우	E 성향 확률이 높음
식신 상관이 없는 경우	I 성향 확률이 높음
인성이 많은 경우	I 성향 확률이 높음
금, 수 일간인 경우	I 성향 확률이 조금 높음
목, 화 일간인 경우	E 성향 확률이 조금 높음

▲ [표10] **E/I 판별표**

| S감각 vs. N직관

S감각와 N직관은 입력 정보 형태와 관련됩니다. S 성향은 현실적인 정보 위주의 입력을 의미하고, N 성향은 직관이나 이상, 아이디어 등의 정보 입력을 뜻합니다.

S는 우리가 오감을 통해 경험할 수 있는 실제적인 것들에 관련됩니다. 현실적으로 생각하고 판단하는 사람의 유형이라, 사주에서는 재성과 관련이 많습니다. 재성은 재물을 뜻합니다. 사주에 재성이 있다면 현실적인 유형의 사람일 확률이 매우 높습니다.

반대로 재성이 없는 사람은 현실에 어두운 경우가 많고, N 성향이 강해집니다. 재성이 있어도 뿌리가 없는 경우에는 재성이 없는 것과 비슷한 작용을 합니다. 식신 상관이 많이 발달한 경우에도 우선 표현하고 행동하는 성격이라서 N 성향이 강해집니다. 재성이 있어도 상대적으로 식신 상관이 강력한 경우에는 N 성향이 강해집니다.

재성이 적절하게 있는 경우	S 성향 확률이 높음
재성이 과다한 경우	N 성향 확률이 조금 높음
재성이 없는 경우	N 성향 확률이 높음
식신 상관이 과다한 경우	N 성향 확률이 조금 높음

▲ [표11] **S/N 판별표**

T이성 vs. F감정

T이성와 F감정는 정보 처리 방식과 관련됩니다. MBTI 지표 중에 가장 빈번하게 소개되는 것이 T 성향과 F 성향입니다. 사주 중에 인성이 적절히 있는 경우에 논리적으로 생각하고 받아들이는 성향이 많습니다. 인성이 없거나 혹은 과다한 경우에는 감정적인 면이 더 두드러지게 됩니다. F는 상대방에게 내 감정을 전달하고 표현하게 해주는 인자이기도 합니다. 그렇기에 특이하게 상관이 발달된 사주의 경우에도 F 성향을 많이 발견할 수 있었습니다. 상관이 강하다는 것은 인성이 약하다는 반증이기도 합니다.

인성이 적절하게 발달된 경우	T 성향 확률이 매우 높음
인성이 없는 경우	F 성향 확률이 매우 높음
인성이 과다한 경우	F 성향 확률이 조금 높음
식신 상관이 발달한 경우	F 성향 확률이 높음

▲ [표12] **T/F 판별표**

J판단 vs. P인식

J판단와 P인식는 생활 양식과 관련됩니다. J판단는 계획적으로 사는 유형을 뜻합니다. 사주에서는 관성이 발달된 경우에는 나를 제약하는 환경에 맞춰서 계획을 세우고 사는 유형이 많습니다. 특히 관성 중에서 나에게 더 위협이 되는 편관이 있는 경우에는 높은 확률로 J 성향이 됩니다. 관성이 인성보다 강한 구조

에서도 J 성향을 가집니다.

상대적으로 관성이 없는 경우에는 계획이나 규율, 규제를 따르지 않고 자유롭게 사는 경우가 많습니다. 즉 P 유형이 많다는 것입니다. 인성이 튼튼한 경우에도 P 성향의 확률이 올라갑니다. 인성은 든든한 나의 버팀목이라서 계획이 변경되더라도 쉽게 수용하는 경향이 있습니다. 관성이 약하고 식신 상관이 강한 경우에도 P 성향일 가능성이 높습니다.

편관이 발달한 경우	J 성향 확률이 매우 높음
관성이 인성보다 강한 경우	J 성향 확률이 높음
관성이 없는 경우	P 성향 확률이 높음
인성이 강한 경우	P 성향 확률이 높음
관성이 약하고 식신 상관이 과다한 경우	P 성향 확률이 높음

▲ [표13] **J/P 판별표**

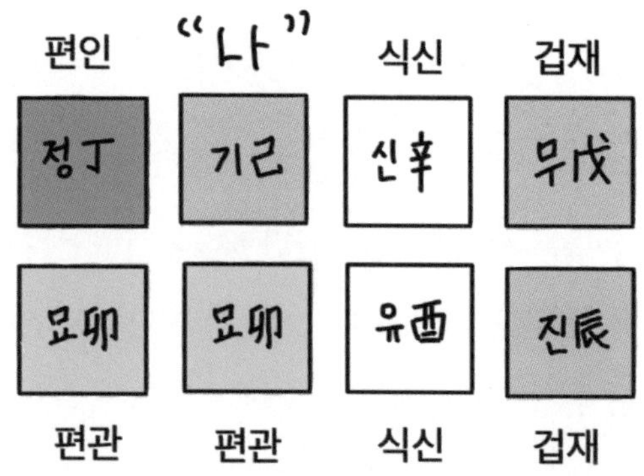

그림48 INTJ 유형의 사주

이제 실제 사례를 통해 MBTI를 추정하는 방법을 설명 드리겠습니다. 식신격의 기묘일주 사주의 경우 비겁이 3개이고 식신도 강해서 E 성향의 요소가 많지만, 반대로 편관과 편인의 수동적인 모습과 기己가 음일간이라서 I 성향도 강합니다. 재성은 있지 않고 식신이 강해서 N 성향입니다. 인성도 목의 생을 받아서 적절하게 발달해 있어서 T 성향입니다. 인성이 있지만 편관이 일지와 시지에서 위험요소로 강하게 자리잡고 있어서 계획적인 성향이 발달해 J 성향입니다.

근묘화실에 따르면 30세 이전에는 비겁과 식신이 주도하기에 ENTJ 성향에서 30세 이후에는 INTJ 성향이 강해집니다. 실제로 MBTI 검사를 해보시면 INTJ와 ENTJ가 각각 반반씩 나온다는 분의 사주입니다. 다음 사례를 보겠습니다.

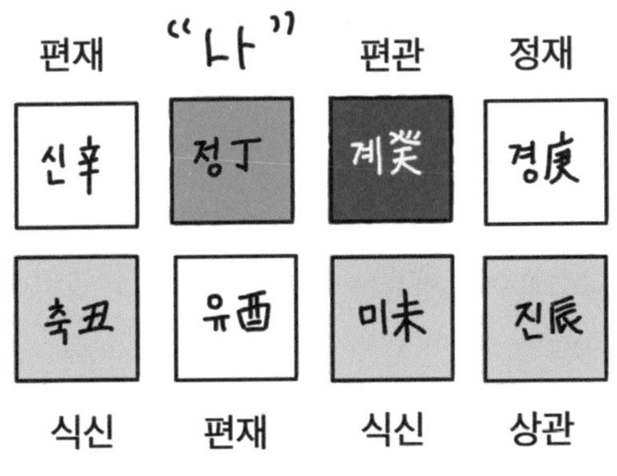

그림49 ENFJ 유형의 사주

비겁이 없는 사주라서 I 성향이 강합니다. 그런데 특이하게 표현하는 인자인 식신 상관이 강하고 화 일간인 사주라서 E 성향으로 바뀝니다. 또한 재성이 강하지만 상대적으로 식 상관의 힘이 더 강하기 때문에 N 성향이 되었습니다. 인성은 없고 식상이 강하니 F 성향이 되고 위험 요소인 편관이 일간 옆에 자리잡고 있어서 계획적인 J 성향이 됩니다. 즉 ENFJ 유형에 해당합니다. 식신 상관이 매우 강한 경우에는 ENF 인자가 강하게 됩니다.

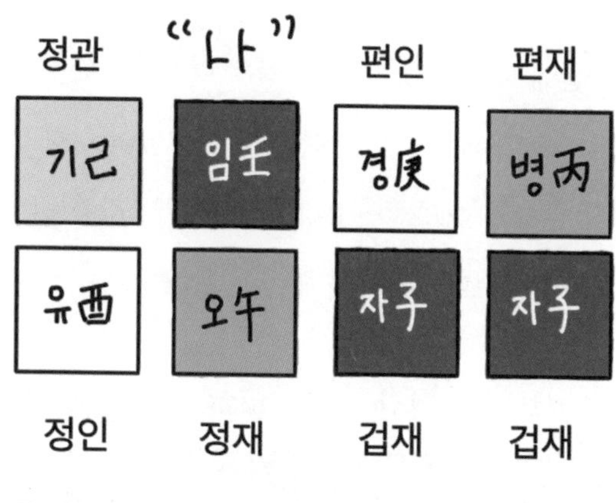

그림50 ISTP 유형의 사주

자월 임오일주의 경우는 수 일간이라고 비겁이 지지에 있지만 천간에는 없어서 I 성향입니다. 재성이 발달되어서 S 성향이고, 인성도 발달되어서 T 성향입니다. 관성은 정관 하나만 있고, 인성의 뿌리가 강하고 발달한 상태라서 P 성향입니다. 즉 ISTP의 사주입니다.

현재 어떤 대운을 살고 있는 지에 따라서도 MBTI의 검사 결과는 변화합니다. 대운에 해당하는 십성은 사주 여덟 글자 안에 있는 것처럼 작용하기 때문입니다. 예를 들어 P 성향의 사람이 관성 대운에 살고 있다면 타고난 성향과 달리 계획적인 J 성향으로 바뀌게 됩니다.

그림51 대운에 따른 MBTI의 변화

진辰월에 태어나고 지지에 모두 재성을 가지고 있는 재다신약 사주입니다. 천간에 을乙 겁재 하나가 있고 식신과 정인이 모두 지지에 뿌리를 내리고 있습니다. 재성이 너무 많아서 목비겁을 용신으로 합니다. 목 일간이고 비겁이 용신이고 식신도 있어서 E 성향입니다. 재성은 적절하게 있을 경우 S 성향이지만 과다할 경우에는 오히려 N 성향으로 바뀝니다. 적절한 과정을 거쳐서 결과를 얻는 자세가 아니라 재성결과물에 대한 집착, 조급함이 나타나기 때문입니다. 인성은 뿌리를 내리고 있어서 T 성향입니다. 사주 여덟 글자 안에는 관성이 없어서 P 성향입니다. 그런데 이 분은 관성이 매우 강한 대운을 살고 있어서 P 성향이 대운인 동안 J 성향으로 바뀌었습니다. 대운이 지나고 나면 다시 P 성향으로 바뀔 것으로 보입니다.

이와 같이 주어진 여덟 글자에 따라 MBTI 유형을 높은 확률로 맞출 수 있습니다. 또한 대운의 변화를 보면 MBTI 유형이 바뀌는 것까지도 예상할 수 있습니다. 사주만 보고 MBTI 유형을 맞추면 대부분 많이 놀라십니다. 하지만 이 책을 읽고 십성과 글자의 특성을 이해한 분들도 역시 어렵지 않게 MBTI 유형을 추론하실 수 있습니다.

MBTI보다는 사주

지금까지 사주 풀이를 통해서 MBTI 유형을 추론하는 방법을 배웠습니다. 하지만 이와는 달리 MBTI를 안다고 해서 사주를 유추할 수는 없습니다. MBTI는 쉽고 빠르게 사람을 유형화하는 장점을 가진 검사 도구입니다. 하지만 이 자체로 좋고 나쁨을 판단할 수 없고 사회적인 성공이나 직업 선택 등에 도움받는 데에 충분한 정보를 제공하지는 않습니다.

사주를 통해서 유추해 본 구조가 완전히 다른 데도 MBTI

유형이 똑같게 나오기도 합니다. 인성이 과다해서 FP 성향이 나오기도 하고, 혹은 식신상관이 과다해서 FP 성향이 나오기도 합니다. 인성이 과다한 경우는 재성을 용신으로 써야 하고, 식상이 과다한 경우에는 인성으로 용신을 써야 합니다. 각각의 진단이 달라지니 처방 또한 완전히 달리 해야 하는 것입니다.

물론 그럼에도 불구하고 사주에 비해서 MBTI가 검사하기 쉽고 검사 결과를 빠르게 볼 수 있다는 장점 때문에 널리 사랑받고 있습니다. 이런 점은 사주 공부하는 사람 입장에서 배워야 합니다. 사주도 더 대중화되고 누구나 삶 속에서 쉽게 활용할 수 있게 해야 할 것입니다. 그렇게 되면 사람들이 단지 사주를 보는 데에서 재미를 찾는 것으로 그치지 않고 많은 분들의 삶을 더 나아지게 할 것입니다.

이를 위해 사주가 학문적으로 더 발전해야 할 것입니다. 사주라는 학문이 발달하려면 다른 학문과의 교류를 많이 해야 합니다. 폐쇄적인 방식으로는 발전이 더딥니다. 이종격투기가 등장하면서 소림사 무술이 실전에서 크게 효과적이지 않다는 것이 판명된 것처럼 말입니다. 그러므로 사주도 실전 무대에서 다른 학문들과 부딪히고 교류해야만 학문으로서 더욱 단단해지고 발전할 수 있을 겁니다.

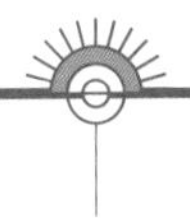

(2장)

사주로 SWOT를 분석해 보자

SWOT 분석은 스탠포드 연구소SRI International 연구진이 1960년대 초에 개발한 개념으로 기업 전략에 대한 기초적이고도 강력한 분석 도구입니다. 이 도구는 나에 관한 개인적 요소와 바깥 세상의 환경적 요소를 교차하며 분석합니다. 이런 점이 사주를 분석하는 방식과도 유사해서 제가 처음으로 사주에 SWOT 분석 개념을 도입해보았습니다.

나의 MBTI vs. 사주

강점Strength, 약점Weakness, 기회Opportunity, 위기Threat의 영어단어 앞글자를 따서 SWOT 분석이라 합니다. 이는 내가 가진 강점과 약점, 그리고 환경적인 기회와 위기를 고려하여 효과적인 전략을 수립하기 위한 방법입니다. 원래 기업 전략을 세울 때 쓰는 방법을 가져와서 개인의 전략을 수립하는데 활용하는 것입니다.

강점과 기회[SO] 분석, 강점과 위기[ST] 분석, 약점과 기회[WO] 분석, 약점과 위기[WT] 분석 등 네 가지 측면으로 분석하고 결과를 만듭니다. 그러면 이제 사주를 통해서 어떻게 SWOT 분석을 진행할 수 있는지 보겠습니다.

- **강점**[Strength] – 내 사주에 가장 강력한 세력인 격에 해당합니다.
  관격이면 회사나 조직 위주로 살아야 하고, 정인격은 내 공부나 자격증이 되며, 재격은 재물을 늘리기 위한 지향점이고, 식상격이면 내 구변[口辯]이나 재능 위주로 살아야 합니다. 내 사주에서 가장 강한 세력을 활용해서 산다면 성공 가능성이 높아집니다.

- **약점**[Weakness] – 내 사주에서 기신이 바로 약점에 해당합니다.
  예를 들어 본인 사주에 재성이 많다면, 재성이 곧 기신이고 약점이 됩니다. 남자 사주에서 재성은 여성을 뜻하기도 합니다. 즉 여자로 인해서 쉽게 곤란을 겪는 사주입니다. 간단히 말하자면 여자를 조심해야 합니다.
  특정 십성이 너무 많아서 약점이 되기도 하고, 조후[調候]가 깨져서 약점이 될 수도 있습니다.

- **기회**[Opportunity] – 용신운은 기회입니다. 용신운이 오게 되면 내 사주의 균형점을 찾게 되고, 또한 발달하며 성공하는 시기가 됩니다. 이 시기에 맞춰서 계획을 수립하고 일을 추진하면 좋습니다.

- **위기**Threat – 기신운에 해당합니다. 이 시기에는 나의 약점이 더욱 부각되어서 부정적인 결과를 낳게 됩니다. 이 시기에는 최대한 자리를 지키고 일을 벌이지 않아야 합니다.

나의 SWOT 알기

나의 SWOT의 각 항목을 먼저 적고 강점과 기회SO 분석, 강점과 위기ST 분석, 약점과 기회WO 분석, 약점과 위기WT 분석을 시행합니다. 아래 SWOT 분석표에 자신의 내용을 직접 적어보시기를 바랍니다. 머릿속으로 알던 것과 직접 쓰는 것 사이에는 큰 차이가 있기 때문입니다.

- **강점과 기회**SO **분석** – 내가 가진 강점인 격국을 바탕으로 용신운이 왔을 때 어떤 행보를 할 지 적습니다. 관격에서 용신운이 재성일 경우 해당 운이 올 때는 재생관財生官을 전략으로 취합니다. 돈이 나의 조직생활을 도와주니 회사 내에서 돈 관리하는 역할을 하거나 업무적으로 투자활동을 통해서 조직에서 인정받게 됩니다.
- **강점과 위기**ST **분석** – 내 격국을 방해하는 기신운이 올 때의 전략을 수립합니다. 예를 들어 재격이고 용신이 식상인데 인수운이 오는 경우를 말합니다. 내가 생각을 너무 많이 해서 일을 진행하지 못하던지, 공부를 하느라 일을 못하던지, 부동산이 팔리지 않아서

자금이 매여 있다거나 하는 식으로 좋지 않은 일이 발생합니다. 좋지 않은 운을 잘 대응하는 것이 중요합니다. 설혹 운이 좋지 않더라도 필요하다면 나중의 성공을 위해 과감할 필요가 있습니다. 이 때는 밖으로 드러나는 성취를 이루기는 어려운 시기니 내 에너지를 모으고 준비하는 시기로 사용합니다.

- **약점과 기회WO 분석** – 내 사주의 기신忌神이라도 사주의 균형을 맞춰주는 용신用神운이 오게 되면 부정적인 작용이 많이 감소됩니다. 예를 들어 관성이 기신이었더라도 용신운에서는 직장운이 좋아집니다. 전에는 스트레스만 받던 직장에서 드디어 인정받게 됩니다. 한 번 내 사주의 약점이 보완되었을 때 할 수 있는 일들을 적어 보시기 바랍니다.
- **약점과 위기WT 분석** – 기신운이 오면 내 약점이 유발하는 부작용이 최대치로 드러납니다. 기신과 관련된 일은 가급적 진행하지 않아야 합니다. 이때는 기존에 하던 일이 있으면 정리하고, 직장, 돈, 인간관계에서 가급적 보수적으로 유지만 하겠다는 전략을 취합니다.

SO, WO, ST, WT의 각 시기까지 정리해두면 인생 로드맵을 위한 사전 준비가 어느 정도는 된 것입니다.

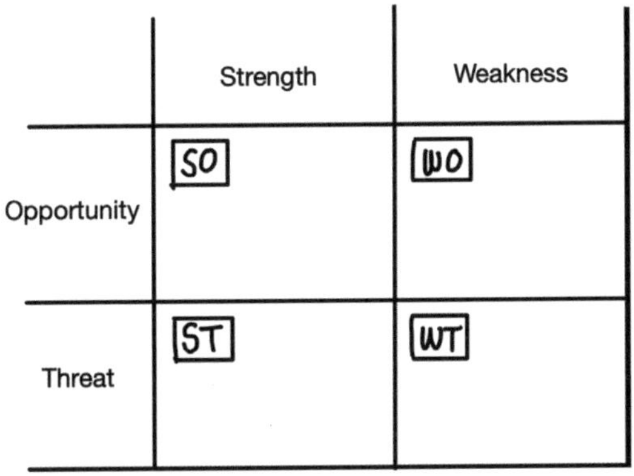

	Strength	Weakness
Opportunity	SO	WO
Threat	ST	WT

그림52 SWOT 분석표

3장

사주로 내 인생 로드맵 그리는 법

지금까지 앞에서 사주에 대해서 배웠습니다. 하지만 여전히 사주로 미래를 예측할 수 있을까 하는 의구심이 들 수 있습니다. 당연히 그래야 합니다. 늘 궁금증과 의구심을 가지고서 묻고 또 묻는 것이 올바른 자세입니다. 이제 사주를 통해 자신의 삶을 정리할 수 있도록 도와드리겠습니다. 과거의 삶이 사주의 틀 안에서 일어났다는 사실을 발견하는 순간 앞으로 닥칠 미래의 일들에 대해서도 어떨 것이다라는 믿음이 생기고, 마음의 준비가 됩니다.

삶의 중요한 사건들

먼저 알아두어야 할 사실이 있습니다. 똑같은 사주라고 해도 모든 사람에게 동일한 사건이 발생하지는 않는다는 점입니다. 상징이 같아도 실제 현상은 다르게 나타납니다. 중요한 것은 그 상징의 의미 범주 안에서 일어난다는 점입니다. 이제 저의 사주를 가지고 삶의 중요한 사건을 말씀드려보겠습니다. 신申월에 태어난 정해丁亥 일주로 정관격正官格에 신약해서 묘卯 목木 인성印星을 용신으로 합니다. 사주 중에 수水가 많아 기운을 설기하고 일간을 도와줄 목을 용신으로 합니다.

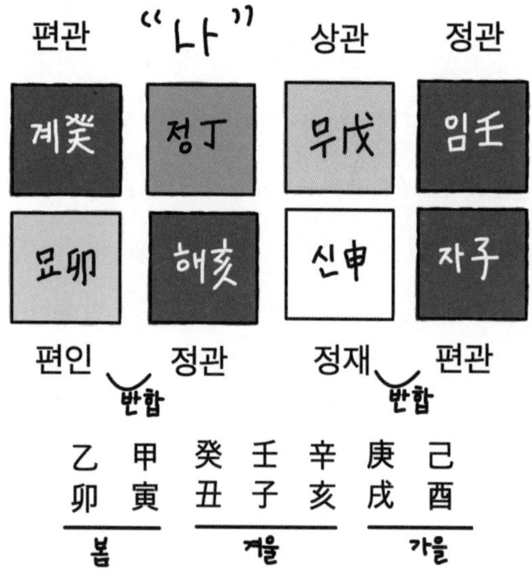

그림53 신월 정해일주 정관격 목 용신 사주

기유己酉 대운

- 천간 기己가 지지 유酉를 생하니 유의 힘이 매우 강합니다. 유는 묘卯를 충극하니 가장 위험한 대운입니다. 이 시절에 몸이 허약해서 잔병치레가 많았고 부친의 사업 실패로 힘든 시기를 보냈습니다.
- 을축乙丑년 유축합酉丑合으로 금金 재성이 목木 인성을 극하니 집이 경매에 넘어가는 일이 생겼습니다.

경술庚戌 대운

- 병인丙寅, 정묘丁卯년은 목화木火운으로 인성 공부운이 강해 중학생 때 새벽부터 친구비겁比劫와 같이 도서관에 다니며 공부했습니다.
- 무진戊辰년 대운과 세운의 진술충辰戌沖으로 이사했습니다. 대운과 세운의 충이 좋지 않아 괜찮은 데로 옮기진 못했습니다.
- 임신壬申년 서울대학교에 입학하고 4년 장학금을 받게 됩니다. 정관 정재운이 용신用申운은 아니지만 정임합목丁壬合木으로 힘든 중에 좋은 작용을 합니다. 신申은 12신살로 장생長生이라서 주변의 도움이 있는 운이기도 합니다.
- 갑술甲戌년에 대운 천간 경庚 재성과 세운 천간甲 정인이 충을 합니다. 이때는 여자 친구에 빠져서 공부를 하지 않습니다. 을해乙亥년까지 이어집니다. 을경합금乙庚合金으로 공부가 재성으로 바뀐 운입니다.

신해辛亥 대운

- 무인戊寅년 12신살로 역마운驛馬運이 되어서 지방으로 가서 연구원 생활을 하게 됩니다.

- 신사辛巳년 대운 지지와 세운 지지 충으로 회사를 옮깁니다. 겁재 사巳가 해亥 정관을 충합니다. 회사 동료겁재劫財의 신고로 인한 비자발적인 이직이었습니다.
- 갑신甲申~을유乙酉년 인성운에 대학원으로 진학해 공부하게 되지만 대운 천간과 세운 을신충乙辛沖 및 세운이 용신을 충하는 묘유충卯酉沖으로 인해 졸업하지는 못하고 수료만 합니다.
- 갑신甲申년 계유癸酉월 을미乙未일 외국계 직장에 입사합니다. 살인상생殺印相生, 칠살과 일주 사이에 인수가 있어서 상생관계가 이루어짐하는 운입니다.
- 을유乙酉년 신사辛巳월 무오戊午일 결혼합니다. 편재운이 온 해의 신강해지는 건록健祿일에 결혼했습니다.
- 을유乙酉년 신사辛巳월 갑인甲寅일 부동산을 매입, 명의이전했습니다. 편재와 인성이 모두 강한 운입니다.

임자壬子 대운

- 병술丙戌년 득녀했습니다. 관성 대운이 시작하는 시기입니다.
- 정해丁亥년 접촉 사고가 납니다. 해亥는 일지 기준 지살地煞입니다.
- 기축己丑년 정축丁丑월 재성 입묘入墓운에 아버지가 쓰러지셔서 경인庚寅년 무인戊寅월에 돌아가셨습니다. 재성이 입묘하고 인寅월이라 금이 12운성으로 기운이 끊어진 상태절지絶支가 됩니다.
- 기축己丑년 정축丁丑월 계미癸未일 부동산 판매 계약을 합니다. 축丑이 겹치면 사巳를 불러옵니다. 재성운과 신강운입니다.
- 경인庚寅년 12신살 역마운에 국내 대기업으로 입사합니다.

- 신묘辛卯년 갑오甲午월 병오丙午일 택지를 매입합니다. 일간이 신강해지는 인성운과 편재운입니다.
- 임진壬辰년 을사乙巳월 기사己巳일 부동산 판매 계약을 합니다. 인성과 식신 일지 역마운입니다. 계미癸未월 무오戊午일에 명의 이전합니다.
- 을미乙未년 인성운이 강해지면서 임원 타이틀은 달았으나 실속은 없었습니다.

계축癸丑 대운

- 병신丙申년 접촉 사고가 납니다. 신申은 12신살 지살입니다.
- 무술戊戌년 상관운에 축술형丑戌刑으로 회사 대표와 싸우고 전직합니다.
- 기해己亥년 해亥 해외운으로 베트남에 가서 일하게 됩니다.
- 경자庚子년 수水 기신운己神運으로 회사 직원 문제 때문에 어려운 시기를 보냈습니다.
- 임인壬寅년 역마운에 이직합니다. 정임합목과 인목으로 목 용신운이 들어온 해입니다. 신해辛亥월 편재운에 스톡옵션으로 돈을 법니다.
- 계묘癸卯년에 정사丁巳월 회사를 그만둡니다. 천간 정계丁癸충 지지는 사巳가 일지 정관 해亥와 충을 했습니다.
- 갑진甲辰년 갑甲 정인운에 '퓨처트리' 사업자 등록을 하고 책도 출판합니다.

제 사주를 보면 어려서 용신用神을 극하는 금金운과 수水 기신운을 지나왔습니다. 목木 용신 대운은 아직 만나지 못했습니다. 수운보다는 용신을 극하는 금운이 더 힘들었습니다. 용신이 다치는 것이 제일 위험합니다.

대운과 연운만 살펴보아도 대부분의 사건을 설명할 수 있습니다. 용신 대운에 많은 사람들이 집착하지만 저는 용신대운을 만나지 못했어도 이제껏 큰 화를 입지 않고 지냈습니다. 기신대운에도 세운이 용신운일 때는 좋은 일들이 생길 수 있습니다. 대운, 세운, 월운까지 나타난 주요 특징을 정리해보겠습니다.

- 대운과 세운이 서로 충하고 합하는 운에는 사주 안에 해당 글자가 있는 것처럼 작용합니다.
- 대운과 세운의 충에는 이동하는 경우가 많습니다.
- 12신살의 역마살은 강한 이동을 뜻합니다.
- 역마살, 지살 혹은 인신사해寅申巳亥 생지生支에서는 이동에 따른 사고 가능성이 있습니다.
- 해亥는 이동이나 해외운과 연관이 있습니다.
- 대운과 세운이 충합으로 희신을 무력화하면 좋지 않고 기신을 무력화하면 좋습니다.
- 용신운이 아니라도 관성운, 재성운에는 취업, 이직, 돈이 들어오는 일이 생깁니다. 세운이 용신운이면 좋은 결과를 가져옵니다.

- 부동산에 관련해서는 인성운과 재성운이 관여합니다. 신약할 경우 신강해지는 비겁운, 인성운도 작용합니다.
- 육친 입묘운에는 해당 육친이 돌아가시는 일이 생길 수도 있습니다.
- 연운, 월운에서 합충이 아니라도 십성의 작용력이 있습니다.
- 편관운에는 관재수가 생길 수 있습니다.
- 형살刑煞이 되는 운에는 인간 관계의 문제가 생길 수 있습니다.
- 12신살은 작용력이 있습니다.

나의 로드맵 정리하기

이제 우리는 각자 사주의 격국, 용신, 대운, 세운에 따라 나에게 발생할 수 있는 일을 써내려갈 수 있습니다. 다음 순서로 각자의 사주를 적어봅니다.

1. **사주 격국**을 찾습니다. 지장간에서 투간된 성분을 기준으로 찾되 없을 경우에는 사주 중에 강한 성분으로 찾습니다.

2. **용신**用申을 찾습니다. 용신을 하나로 정하지 못하는 경우는 억부용신, 조후용신, 병약용신, 통관용신 등을 기준으로 각각 무엇인지 써 놓아도 좋습니다. 용신이 모두 같으면 좋겠지만, 다른 경우가 더 많습니다. 각각의 용신운이 올 때를 대비해서 모두 적어 놓습니다.

3. 연지를 기준으로 **12신살** 글자를 정리해봅니다. 지살, 역마살, 도화살, 재살 등 주요한 신살 위주로 적어봅니다.

4. **대운**을 적습니다. 2에서 찾은 용신과 비교해서 대운의 좋고 나쁨을 정합니다.

5. **과거** 내 삶에서 **중요한 사건들**이 일어났던 연도, 월, 일을 확인합니다. 만세력으로 어떤 육십갑자였는지 적습니다. 해당 사건이 내 사주, 대운, 세운, 월운과 어떤 관계였는지 적습니다. 합충형, 12신살, 십성 순으로 적어봅니다.

6. **미래**에 대해 **궁금한 사항들**을 적어봅니다. 단 원하는 시기 앞뒤의 운도 같이 확인합니다.

- **취업** – 관성 위주로 봅니다.
- **승진** – 관성과 인성을 같이 봅니다. 용신운도 같이 봅니다.
- **시험 합격** – 인성을 위주로 봅니다. 용신운도 같이 봅니다.
- **재물** – 재성을 위주로 봅니다.
- **부동산 매매** – 인성과 재성을 같이 봅니다.
- **이동** – 12신살 및 월지나 일지 충운을 봅니다.
- **결혼** – 남자는 재성, 여자는 관성운을 봅니다. 일지의 움직임도 봅니다. 용신운도 같이 봅니다.

7. 그래프에 내 운의 트렌드 및 주요 이정표를 표시해봅니다.

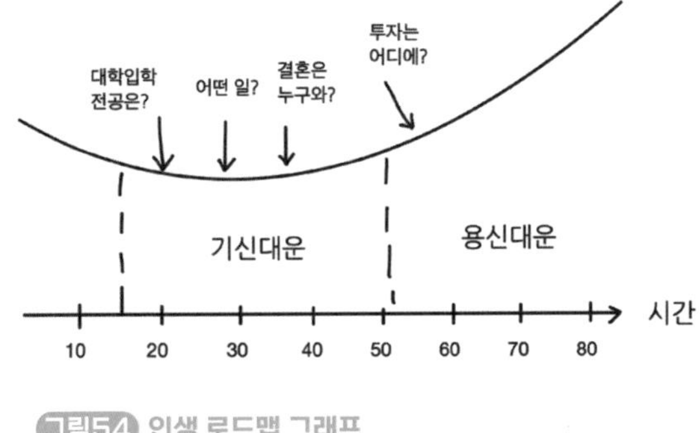

그림54 인생 로드맵 그래프

4장

내게 맞는 직업과 인연으로 개운하는 법

앞서 운명 자체는 바뀌지 않는다고 말씀드렸습니다. 개운하는 법을 알려준다는 주장은 말도 안 되는 사기로 보입니다. 동일한 사주를 가진 사람도 같은 삶을 살지 않습니다. 삶에서 하는 선택이 조금씩 다르기 때문입니다. 개운은 중요한 결정의 순간에 더 나은 선택을 하는 것을 뜻합니다.

운명에 있어서 노력은 중요한 부분을 차지합니다. 개운은 노력하는 자에게 하늘이 주는 선물입니다. 의외로 초기 사주명리학의 경우, 운명을 결정론적으로 보지 않고 선행과 노력에 의해서 운명이 바뀐다는 철학을 보여줍니다. 운명을 바꾸는 것은 쉽지 않지만, 노력하는 자에게는 개운 또한 운명의 일부입니다.

맞는 직업 찾는 법

무엇이 좋은 직업일까요? 많은 이들에게는 남들의 부러움을 받는 직업일 테지요. 하지만 사주의 관점에서는 나에게 맞는 직업이 좋은 직업입니다. 나와 맞는 직업을 가지면 오래 일하고 좋은 성과를 낼 수 있습니다. 그러나 사회에 나와서는 학교에서 배운 것과 무관한 일을 하는 경우가 많습니다.

자신의 적성을 일찍 확인하고 이에 맞는 직업을 찾으면 개운하는 효과가 있습니다. 하나 세상에는 많은 직업이 있기에 내게 맞는 단 하나의 직업을 찾는 것은 너무 어려운 일입니다. 따라서 사주가 보여주는 바를 참고해서 대강의 직업적인 특성, 본인이 가진 강점을 토대로 직업을 선택하는 것이 좋습니다.

- **정관이 적절하게 있는 경우** – 문과 계통, 일반 회사, 공무원
- **관성이 많거나 편관이 있는 경우** – 이과 계통, 특수직 회사, 군인, 경찰, 법 관련 회사
- **관성과 역마가 같이 있는 경우** – 외국계 회사, 해외 근무
- **관성이 없는데 필요한 사주** – 독립적으로 일할 수 있는 회사

- **관성이 없는데 불필요한 사주** – 개인사업, 장사, 강사, 프리랜서
- **정재가 적절하게 있는 사주** – 월급생활, 회사원, 공무원
- **편재가 강한 사주** – 투자업, 부동산업, 유흥업
- **식신/상관이 재성을 생하는 사주** – 사업가, 자영업, 예술가, 방송인, 연예인
- **인성이 발달한 사주** – 교육업, 공무원, 교수, 언론인, 출판인, 연구원, 종교인
- **인성과 식신/상관이 있는 사주** – 변호사, 강사, 교수, 의사, 영업직, 정치인, 방송인, 연예인

십성 중에서 관성이 어떤 신살과 같이 있는지를 확인하는 것이 좋습니다. 대운에 따라서도 직업성이 변동합니다. 또한 관성이 없는 사주에서도 관성 대운이 오면 직장 생활을 합니다.

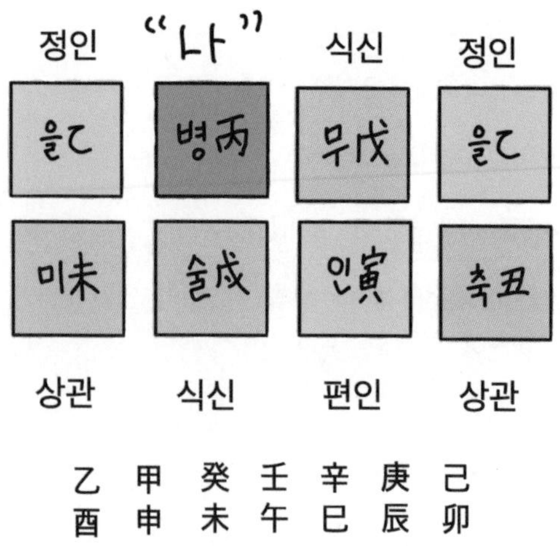

그림55 정인격 공무원 사주

정인격으로 공무원으로 일하는 분의 사주입니다. 인성 목으로 강한 식상 토를 눌러주고 있는 사주입니다. 인성격으로 조직 내에서 인정받으며 일하는 조직 구조입니다. 다만 식상이 많은 것은 좋지 않습니다. 화 대운에 오면서 식상이 더욱 강해지고 목은 약화되기에 공무원을 그만두고 다른 일을 해보고 싶어 하셨는데요. 식상을 살리는 방향이 좋지 않기에 추천 드리지는 않았습니다.

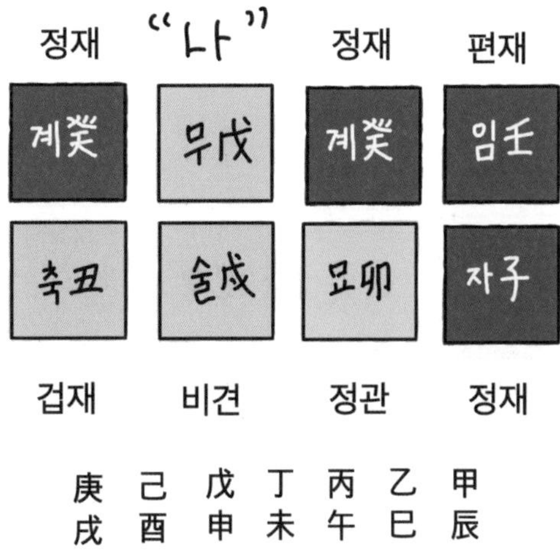

정재
"나"
정재
편재
계癸
무戊
계癸
임壬
축丑
술戌
묘卯
자子
겁재
비견
정관
정재
庚 己 戊 丁 丙 乙 甲
戌 酉 申 未 午 巳 辰

그림56 정관격 의사 사주

정관격의 의사 사주입니다. 괴강에 형살이 있는 경우 의사로 일하는 경우도 많습니다. 다만 신약하면 좋지 않습니다. 정관격이지만 재성이 너무 강해서 일간이 약간 신약해졌습니다. 비겁이나 인성을 용신으로 써야 합니다. 다행히 대운이 화대운으로 흐르고 있어서 좋습니다. 화 인성 대운에 의학박사 학위를 취득했지만 정관을 따라 개업의가 되지 않고 제약회사를 다니고 있습니다.

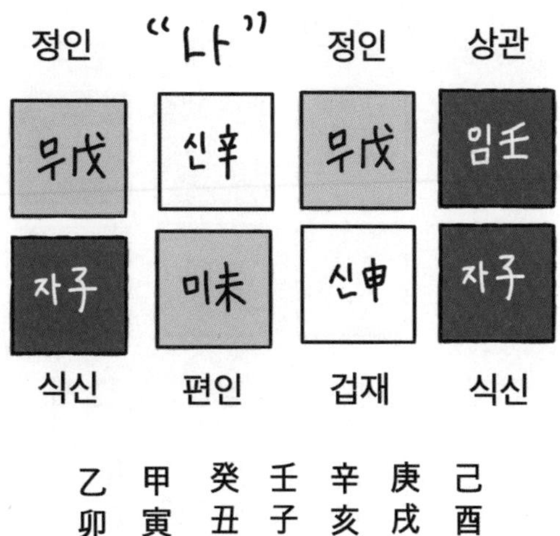

그림57 상관격 변호사 사주

상관격에 인성이 튼튼하게 있는 변호사 사주입니다. 금생수로 말을 잘하고 인성을 갖추고 있으니 논리정연하게 표현할 수 있습니다. 상관, 인성, 일간 모두 튼튼한 사주입니다.

맞는 인연 찾는 법

나와 잘 맞는 인연을 만나는 것은 인생에서 가장 중요한 일 중 하나입니다. 흔히 궁합이라는 말을 씁니다. 궁합은 '궁宮에 합合이 들었다'라는 뜻입니다. 일지가 배우자 자리이기에 배우자궁이라고 합니다. 배우자궁의 글자들이 합을 하고 있을 경우에 좋게 보는 데에서 유래했습니다.

보통 네 살 차이는 궁합도 안 본다고 하는데요. 연지를 기준으로 네 살 차이가 나면 삼합三合이 되기 때문입니다. 그러나 연지를 기준으로 한 궁합은 일지보다 영향력이 많이 떨어집니다. 그리고 궁합은 배우자 사이에서만 쓰이지 않고 친구, 동료에게도 다 적용할 수 있습니다. 그렇다면 과연 어떤 궁합이 좋은 궁합일까요?

| 서로의 일지가 합인 경우

합 중에서는 우선 삼합이 되는 것이 좋습니다. 내 사주의 일지가 유酉인 경우에 상대방 일지가 사巳 혹은 축丑이 되는 경우를 뜻합니다. 해묘미亥卯未, 인오술寅午戌, 사유축巳酉丑, 신자진申子辰 중에서 같은 삼합 글자 중에 해당하면 됩니다. 강력한 결속을 의미하는 삼합은 운에서 충형이 와도 배우자궁을 깨지 않게 보호하므로 좋습니다. 본인의 배우자궁이 불안한 경우에는 당연히 삼합이 되는 배우자를 만나는 것이 좋습니다. 육합의 경우도 삼합보다 약하긴 하지만 좋습니다. 일지합을 보통 속궁합이라고 합니다.

| 서로의 일간이 합인 경우

내 일간이 갑甲이고 상대방 일간이 기己인 경우입니다. 천간의 육합은 갑기甲己, 을경乙庚, 병신丙辛, 정임丁壬, 무계戊癸 모두 해당합니다. 일간의 합은 정신적인 면에서 서로 잘 통합니다. 겉궁합이라고 표현하기도 합니다. 그런데 천간 지지 모두 합하는 것은 오히려 좋지 않습니다. 부부간에도 적당히 합을 해야지 천간 지지 모두 합하는 것은 서로에게 얽매여서 사회적인 성취를 어렵게 만듭니다.

| 월지를 기준으로 삼합인 경우

일지 삼합에 비해서는 떨어지지만 월지는 주변 환경을 뜻하니 환경적으로 서로 잘 맞습니다. 환경이 맞으면 설혹 속정이 없더라도 큰 문제는 생기지 않습니다. 육합도 좋습니다.

| 서로의 용신을 가지고 있는 경우

내가 수水 용신인데 상대방도 수를 많이 가지고 있으면 상호간에 끌립니다. 서로에게 필요한 기운을 가지고 있으니 항상 서로를 찾게 됩니다. 각자 필요한 기운을 상호 보충해주니 같이 있으면 편안해서 좋은 궁합이 됩니다. 나의 용신이 상대방에게 많으면서 기신인 경우면 더 좋습니다. 상대방에게 필요없는 기신일 경우 내가 필요해서 달라고 하면 아낌없이 주기 때문입니다.

일지 공망空亡이 같은 경우

일주가 같은 공망일 경우입니다. 공망은 결핍을 뜻하기 때문에 본능적으로 내게 결핍한 것을 지향합니다. 같은 지향점을 가지게 되어서 대화가 잘 통하고 가치관이 맞습니다. 공망이 같은 사람들끼리는 뜻이 맞고 좋은 친구가 됩니다.

반대로 안 좋은 궁합이란 어떤 걸까요? 서로 궁합을 보기 이전에 각자의 배우자궁이 충형, 원진살로 불안하면 좋지 않습니다. 이혼수가 있는 경우입니다.

사주가 지나치게 강한 것도 좋지 않습니다. 일주가 같은 오행으로 이루어진 경우를 간여지동干如支同이라고 하는데요. 고집이나 자기 주장이 강하기에 사회에서는 유리할 수 있지만, 가정에서는 불리합니다. 이런 사주에서 배우자궁에 충형, 원진의 운이 오면 문제가 생깁니다. 궁합이 안 좋다는 것은 서로 부딪히는 것이기에 이런 시기에 떨어져 지내거나 한발짝 물러서서 양보하는 것이 개운하는 방법입니다.

또한 나의 공망 글자가 상대방 일지에 있는 경우도 좋지 않은 궁합으로 봅니다. 공망 글자가 상대방에 일지에 있으면 상대방에 대한 관심이 떨어지는 부작용이 있습니다.

좋은 배우자를 만나기 위해서는 우선 본인 사주에 있는 배우자복이 좋아야 합니다. 배우자복이 없는 사주인 경우는 좋은 상대를 만나기가 쉽지 않습니다. 같은 조건이라면 위의 사항들에 해당하는 사람을 만나서 흉을 줄이고 복을 늘려야 합니다.

출산 택일하는 법

출산하실 때 미리 날을 택일하는 경우가 많습니다. 택일로 운명을 바꿀 수 있다면 좋은 일입니다. 하지만 임신 후에는 예정일이 어느 정도 정해져 있어서 선택할 수 있는 날의 범위가 제한됩니다. 사실 택일로 엄청나게 운명을 바꾸기란 쉽지 않습니다. 그럼에도 불구하고 그 중에서 가장 좋은 날과 시에 태어나면 개운할 수 있습니다.

원래 고법 사주에서는 사주의 구성이 연월일시가 아니고 태월임신한 월월일시였습니다. 그만큼 임신한 월을 중요하게 봤습니다. 위에서 말한 대로 달이 정해지면 태어나는 월도 정해지기에 이미 임신부터 운명의 많은 부분이 정해진다고 봅니다. 제왕절개 시에 수술 시간이 제한되기에 늦은 밤이나 새벽에는 시간을 선택할 수 없는 경우가 많다는 점도 고려해야 합니다.

1. 예정일 후보를 두고 **격**과 **용신**을 찾습니다.
   좋은 격에 튼튼한 용신이라면 일생 복이 있습니다. 격에 따라 아이의 성격과 진로가 달라지기에 어떤 아이로 키우고 싶은 지에 따라 격과 용신을 선택합니다. 정관격은 바른 모범생 같은 아이, 식신격은 재능이 뛰어난 아이입니다. 재격은 능력이 있는 아이이고, 인성격은 공부를 잘하는 아이입니다. 조후도 아이의 건강에 중요한 부분이니 잘 골라야 합니다.
2. **천을귀인**에 해당하는지 봅니다. **홍살공망, 원진**이 있는지 확인합니다.
3. **부모와 태어날 자식과의 궁합**을 고려합니다. 부모 자식 간에도 궁합이 있습니다. 서로 뜻이 맞아야 잘 지낼 수 있으니 이를 고려해서 택일합니다.
4. **대운**을 고려합니다. 인생의 중요한 시기에 좋은 용신 대운을 만나도록 선택합니다. 말년운도 나쁘지 않게 고려하는 것이 좋습니다.
5. 막상 택일하려 해도 완벽한 일과 시간을 고를 수 없습니다. **후보 중에서 최선**을 선택하도록 합니다.

예정일이 2024년 6월 4일인 여자 아이의 부모가 택일을 문의해주신 사례입니다. 갑진甲辰년 기사己巳월은 정해져 있고 일과 시를 택해야 합니다. 어떤 일을 선택해도 연간과 월간은 갑기합甲己合으로 두 개의 글자는 묶여 있습니다. 5월 23일 정해丁亥일,

5월 24일 무자戊子일, 5월 26일 경인庚寅일, 5월 27일 신묘辛卯일, 5월 29일 계사癸巳일이 후보일입니다. 정해일과 계사일은 천을귀인 일지라서 후보가 되었고 무자일, 경인일, 신묘일은 재물을 깔고 있어서 후보가 되었습니다. 이 중에서 정해일은 월지와 일지가 충하기에 배우자궁이 불안해서 후보에서 제외합니다. 계사일은 월지와 일지가 모두 사巳로 뜨겁고 건조하고 계 일간이 매우 신약해져서 후보에서 제외합니다. 경인일과 신묘일 역시 신약해지는 구조라서 시간을 고려해도 좋은 시간을 찾기 어려워 제외했습니다. 최종적으로 무자戊子일주가 남습니다. 연지 비견에 월지 인성의 생을 받아서 뿌리가 튼튼합니다. 편관 갑甲은 겁재 기己와 합해서 묶이기에 오히려 좋은 작용이 됩니다. 시간은 일지에 재성을 생할 수 있는 식신이 강한 경신庚申시로 선택합니다. 대운의 흐름도 중년 이후 금수운으로 좋고 목운이 오더라도 튼튼한 식신으로 제어가 가능합니다. 배우자궁도 신자합申子合으로 튼튼해서 좋은 구조입니다.

그림58 식신격 택일 사례

PART 06

내 기질과 배우자를 알 수 있는 일주론

1장

12운성 활용법

일주는 나를 뜻하는 일간과 배우자를 상징하는 일지로 구성된 기둥입니다. 일주만으로 운명의 길흉을 판단하기는 어렵지만 내가 어떤 기질을 타고났는지와 내 인생에 큰 영향을 미치는 배우자에 대한 추론을 할 수 있는 단서를 제공합니다. 6부에서는 60개의 모든 일주에 대한 개요를 수록해서 쉽고 빠르게 일주의 특성을 알 수 있도록 했습니다.

일주론은 봉법, 좌법, 인종법 등 12운성을 활용한 해석 방법으로, 일본 역학계에서 널리 쓰이기도 했습니다. 일간과 일지의 두 글자만으로 일주론을 파악하기는 부족하기에 지장간과 없는 글자도 가져와서 참고해 해석합니다. 사주는 여덟 글자를 모두 봐야 하기에 일주의 두 글자일간+일지만으로는 길흉을 판정하기 어렵습니다. 성격적인 경향 정도로 이해하시면 좋습니다.

봉법逢法

봉법은 이미 12운성을 다룰 때 배웠습니다. 일간이 연월일시 지지를 만났을 때 어떤 힘의 상태인지를 판정하는데 사용했습니다. 근묘화실根苗花實에 따라 일간의 시기별 상황을 추론할 수 있습니다. 일간뿐만 아니라 사주에 드러난 모든 천간 글자를 지지에 대입해서 상황을 추론합니다. 각 지지는 집을 뜻하는 한자인 궁宮으로 표현합니다.

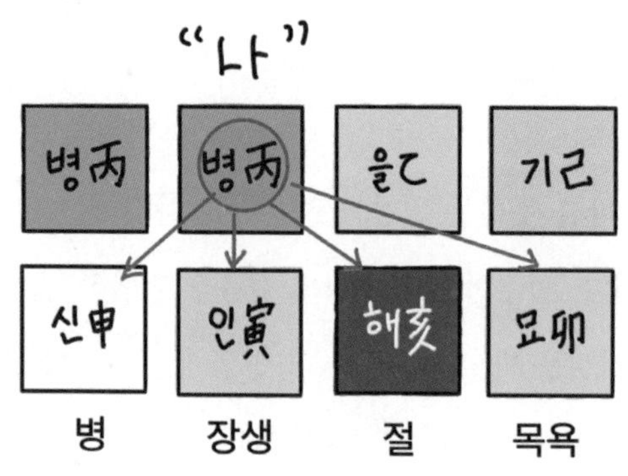

그림59 12운성 봉법 예시

일간 병丙은 초년에 목욕沐浴이라서 천진 무구하게 지내다가 청년기에 절絶로 밑바닥까지 갔다가 중년에 장생長生으로 주변 도움을 받아서 일어나고 말년에 병病 역마가 있어서 바삐 이곳저곳 돌아다니게 됩니다. 12운성 만으로 환경적인 변화를 추론했습니다. 일간뿐만 아니라 정인 을乙이나 상관 기己도 가능합니다. 다만 보통의 사주 어플에서는 일간만 표시해주기 때문에 다른 십성까지 보려면 직접 손가락을 돌리면서 확인하셔야 합니다.

좌법坐法

좌법은 일지의 지장간의 성분을 보는 방법입니다. 위에서 말한 것처럼, 일지는 궁으로 표현했습니다. 지장간은 앉았다는 뜻의 좌坐라는 한자를 씁니다. 지장간이 일지 대비 어떤 기운인지를 봅니다. 지장간의 기운을 먼저 보고 어떤 궁집에 있는지를 봅니다. 병인丙寅 일주의 경우 지장간에 식신 무戊, 비견 병丙, 편인 갑甲이 들어 있는데 무戊는 인寅에서 장생長生이고, 병도 인에서 장생이고, 갑은 록祿입니다. 무병은 생좌 생궁生坐 生宮이고 갑은 록좌 생궁祿坐 生宮이라고 표현합니다. 식신 무는 활기차고 주위의 도움이 있고 갑도 록으로 힘이 넘치는데다 머무는 곳에서도 주변 도움을 많이 받는다라고 해석할 수 있습니다.

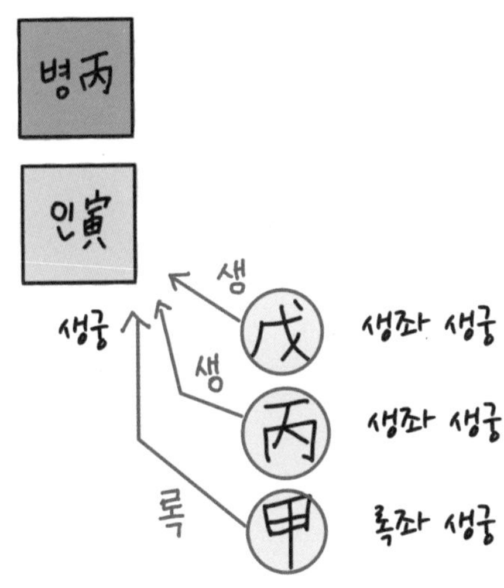

그림60 12운성 좌법 예시

| 인종법引從法

일지와 지장간에 없는 십성을 가져와서 해석하는 방법입니다. 지장간을 해석한 좌법과 방식은 동일합니다. 병인丙寅 일주의 경우 관성과 재성은 지장간에 없지만 있다고 가정하고 해석합니다. 관성은 임壬과 계癸가 있는데 임을 우선 가지고 옵니다. 또한 일지와 60갑자로 짝이 되는 글자를 선택합니다. 물론 두 글자를 모두 확인해도 상관없습니다.

일부 연구자들은 음양을 맞춰서 가져와야 한다고 주장하기도 합니다. 하지만 그럴 경우 정편 중에 하나만 확인하게 되니 이치에 맞지 않습니다. 자오묘유子午卯酉 사왕지의 경우 음양이 다른 글자를 모두 좌법으로 보는데 인종이라고 해서 그렇게 하지 않을 근거가 없습니다.

(2장)

목木 일주

갑甲 일주

갑자甲子

갑甲은 계절의 첫 시작을 알리는 봄을 상징합니다. 영어로 봄을 스프링spring이라 하는 데에서 암시되듯이 마치 용수철spring처럼 튀어나려고 하는 강한 힘을 가지고 있습니다. 에너지도 넘치고 추진력, 기획력도 뛰어납니다. 우뢰를 뜻해서 목소리가 큰 경우도 많습니다. 동물 중에서는 여우를 뜻하기에 지혜롭고 머리나 재주가 비상합니다. 갑이 자子 위에 올라탔습니다. 자는 검은 연못을 뜻합니다. 검은 연못 위에 서 있는 나무의 물상입니다. 조금 우울한 느낌이고, 사주의 기운이 차갑고 습합니다. 화火 기운이 있어 따뜻하고 밝게 만들면 좋습니다.

12운성으로 갑은 자에서 목욕沐浴이 됩니다. 도화살이라서 성적인 활동에 빠질 수 있습니다.자子는 갑甲에게는 인성에 해당합니다. 인성이 도화를 보아서 야한 상상력을 가지게 되고 육친으로는 어머니가 유흥을 좋아할 수 있습니다. 신辛 정관은 생生이고, 무戊 재성은 태胎, 병丙 식신은 태입니다. 나를 표현하는 식신이 태로 위축되어 있는데 반해서 정관은 생이 되니 직장 생활과 인연이 있습니다. 또한 나무 밑에 둥지를 트고 있는 쥐의 모습으로 기웃거리는 느낌의 물상도 있습니다. 술해戌亥 공망이라서 종교나 철학적인 성향이 나타나기도 합니다. 자를 일지에 놓은 경우에는 밝은 기운을 가까이 하고 땀흘리고 운동하며 에너지를 발산하면 좋습니다. 밤에 활동하는 등 수를 더 키우게 되면 신경, 정신 쪽에 문제가 생기기도 합니다.

갑인甲寅

천간은 갑甲이고 지지는 인寅이라서 간여지동干與地同입니다. 갑이 솟구치는 기상인데 지지 인은 12운성으로 록祿이라서 대단히 힘이 강합니다. 갑은 우뢰를 뜻해서 목소리도 크고 지지 인은 역마의 호랑이라서 운동성이 강합니다. 내 뜻대로 하고자 함이 과하면 고집과 만용이 될 수 있습니다.

인의 지장간에는 무戊, 병丙, 갑이 들어있습니다. 무는 편재인데, 인에서 생生이 되고, 재물복도 있습니다. 남자의 경우, 배우자도 생동감이 넘칩니다. 병丙은 식신인데, 생이라서 표현력이 좋습니다. 여자의 경우, 자식들도 생을 받아서 잘 성장합니다. 지장간은 비견, 식신, 편재로 구성되어 있어서 내비견比肩 능력식신食神을 발휘해서 재물편재偏財을 추구하는 형태입니다. 관성인 경庚 신辛은 인에서 태胎 절絶로 위축되어 있어서 직장 생활보다는 사업가에 어울립니다. 자축子丑 공망이라서 인성학문, 어머니의 기운은 다소 약할 수 있습니다.

갑진甲辰

갑甲과 편재 진辰이 만나서 이루어진 일주입니다. 갑이 습토濕土인 진에 뿌리 내리고 있어서 갑의 기운이 강합니다. 우두머리 성향과 목소리가 큰 갑의 특성이 잘 드러납니다. 진은 봄에서 여름으로 넘어가는 단계라서 많은 변동성을 가지고 있습니다. 갑진甲辰을 청룡이라고 부르듯이 큰 에너지를 담고 있습니다. 진은 갑 입장에서 편재에 해당해서 재물복이 있고 본인 영역에 대한 집착을 가집니다. 사업가적인 기질입니다. 진의 지장간에는 을乙 겁재, 계癸 정인, 무戊 편재가 있습니다. 타인과의 경쟁 속에서 자기의 영역을 넓혀가는 사업가적인 모습입니다. 진은 12운성으로 쇠衰에 해당하여 정점의 모습은 아니지만 노련한 모습을 가지고 있습니다. 진에서 을 겁재는 관대官帶, 계 정인은 양養, 무 편재는 관대에 해당합니다. 편재가 관대라서 투기적인 모습이 나타날 수 있습니다. 계 정인과 무 편재가 암합暗合, 사주 천간이나 지지에서 합이 일어나는 것이 아니라 지장간에 있는 글자와 합이 발생하는 경우라 보이지 않는 합이 된다해서 식신 화火를 만들어내니 표현 능력이나 전문성도 갖추고 있습니다. 관성 경庚 신辛은 진에서 12운성으로 양養과 묘墓에 해당해서 일반적인 직장 생활 운은 크지 않습니다. 여자의 경우 신 정관이 묘에 해당해서 운에 따라 배우자가 묘에 드는 일이 생길 수 있습니다. 갑진은 백호대살白虎大煞에 해당해서 일지를 충형하는 운은 조심하셔야 합니다.

갑술甲戌

갑甲과 편재 술戌로 이루어진 일주입니다. 가을걷이를 끝낸 땅에 고목 한 그루가 서있는 모습입니다. 고독한 기상이 느껴집니다. 갑은 장자의 기상이 뚜렷하고 뻗어 나가려 하지만 추수가 끝난 땅을 만나 활동성이 약화되었습니다. 술은 십성으로 편재라서 자기 영역을 지키려고 하는 모습도 강합니다. 술의 지장간에는 정관 신辛, 상관 정丁, 편재 무戊가 들어 있습니다. 재능, 특히 말재간으로 돈도 벌고 직업도 갖게 됩니다. 강사, 프리랜서, 영업 중심 사업에 맞습니다.

12운성으로 갑은 술에서 양養입니다. 양은 어머니 뱃속에서 무럭무럭 자라는 모양이라 순수하고 낙천적입니다. 술은 천문살이라 종교, 철학에 관심이 많습니다. 지장간에서 상관견관이 되어 직장에서 입바른 소리로 문제가 생길 수 있습니다. 묘에 재물이 들어 있어서 재물복이 좋습니다.

을乙 일주

| 을축乙丑

을乙과 편재 축丑으로 이루어진 일주입니다. 꽁꽁 언 겨울 땅에 핀 화초 한 그루입니다. 강인한 생명력을 가지고 있고 태양병丙이 있어서 따뜻하게 녹여주면 좋습니다. 을은 바람풍風을 상징하기도 해서 정신 세계 안에서는 자유롭게 돌아다니고 싶어 하는 욕망이 있습니다. 다만 축에 묶여 있어서 실제로는 움직임이 많지 않습니다. 축은 편재에 해당해 재물 위에 앉아서 재물복이 있습니다. 축은 인내와 성실의 상징이기도 합니다. 힘든 마음을 종교로 풀어내려고 하는 성향도 있습니다. 축은 정관 경庚, 식신 정丁, 편재 기己의 묘지입니다. 식신과 정관이 묘지에 있어서 정신 세계에 관심이 많고 직업적인 성향도 특수직과 인연이 많습니다. 축의 지장간을 보면 편인 계癸, 편관 신辛, 편재 기가 들어 있습니다. 편인편관이라서 자존심 높은 명예욕을 가지고 있습니다.

| 을묘乙卯

을乙과 비견 묘卯가 만난 일주입니다. 천간과 지지가 모두 음목陰木으로 이루어진 간여지동干如支同입니다. 12운성으로는 록祿입니다. 뿌리를 단단히 내려서 신체가 튼튼합니다. 을은 겉으로 보면 약한 풀잎이나 화초 같지만 속으로는 강한 생명력을 가지고 있습니다. 바람처럼 자유롭게 돌아다니고 싶은 영혼의 소유자입니다. 간여지동으로 자기 중심적인 부분을 가지고 있습니다. 일지에 비겁이 있어서 경쟁심도 강합니다. 묘卯는 풀이 자라서 벌어진 모습이라 분리나 이별을 뜻하기도 합니다. 배우자 자리에 묘를 가지고 있고, 여자분의 경우 경신庚辛의 관성이 12운성으로 절태絶胎, 12운성에서 생명이 완전히 사라진 모습이 절이고, 다시 생명이 잉태한 상태가 태이기에 절태는 생명의 기운이 약한 상태를 의미에 있어서 부부 인연은 약한 모습입니다. 무기戊己 재성은 목욕과 병에 해당해서 이동성이 많고 방송, 연예, 유흥 등과 관련된 직업과 인연이 있습니다. 인성은 자축공망에 해당이 되어 공부로 결실을 이루기는 어렵습니다.

| 을사乙巳

을乙과 상관 사巳가 만나 역마성이 강한 일주입니다. 을의 정신은 바람처럼 자유롭고 싶은데 지지에 대역大驛을 뜻하는 사가 있으니 사람들 속에서 바삐 움직이는 모습입니다. 사는 동물 가운데 뱀, 특히 수풀 속에서 이리저리 움직이는 뱀을 뜻합니다.

사의 지장간을 보면 정재 무戊, 정관 경庚, 상관 병丙이 들어 있습니다. 정재와 정관은 모범생의 모습임에도 상관이 관성을 보아서 다소 불만을 표출할 수 있지만 을경합으로 조직 생활을 잘하는 모습입니다. 일지에 상관이라서 뛰어난 말솜씨를 가지고 있습니다. 여자분의 경우, 배우자 자리에 자녀가 들어 있고 상관견관의 모습이라 을이 경금과 암합暗合을 하고 있어서 부부 관계에 문제가 있을 수 있습니다. 편인 정丁은 12운성으로 태胎에 해당하는데 이런 경우 틀어박혀서 공부하는 모양이라 뛰어난 학습 능력을 보여 주기도 합니다. 을과 사 모두 곡각曲脚의 글자라서 형충운에 뼈나 근육의 문제가 생길 수 있습니다.

을미乙未

을乙과 편재 미未가 만난 일주입니다. 을은 모래인 미를 좋아합니다. 잘 가꾸어진 화원花園의 물상입니다. 분위기 있고 따뜻한 성품을 가진 분이 많습니다. 미는 한여름의 뜨거운 땅이라서 적절하게 비가 내려야 좋습니다. 을은 모발을 뜻하기도 하는데 수분이 없으면 탈모가 생기기 쉽습니다. 미의 지장간에는 정丁, 을, 기己가 들어 있습니다. 재성이 있어서 재물복이 있습니다. 내 자신인 을도 들어 있고 백호대살에 해당하기도 해서 일지를 충형沖刑하는 운에는 건강을 조심해야 합니다. 임계壬癸 인성은 12운성으로 양養과 묘墓에 해당합니다. 묘에 누워서 공부를 하니 공부 인연이 있는 분도 많습니다.

을유乙酉

을乙과 편관 유酉로 이루어진 일주입니다. 편관 유가 일지에 있어서 내가 앉아있는 자리가 위협적입니다. 갑신일주처럼 두통이 잘 생길 수 있습니다. 유는 정제된 보석이나 기물을 뜻해서 정밀한 일에 재주를 가지신 분이 많습니다. 가위로 화초를 다듬는 물상이라서 디자이너나 헤어디자이너, 혹은 세공이나 공예, 예술 관련 직업과 인연이 있습니다. 유는 절에 있는 종鐘이기도 해서 절에 은은하게 울리는 바람과 종소리의 물상을 가지고 있습니다. 수水가 있으면 금과 목 사이를 화해시킬 수 있습니다. 을은 유에서 12운성으로 절絶입니다. 배우자 자리에 편관과 절이 있어서 배우자 인연은 조금 약합니다. 임계壬癸 인성은 12운성으로 목욕과 병에 있습니다. 이동이 많은 자격증이나 직업, 혹은 예술과 인연이 있을 수 있습니다.

을해乙亥

을乙과 정인 해亥가 만난 일주입니다. 해는 바다를 상징해서 역마의 기운이 강합니다. 바닷가에 부는 바람의 물상입니다. 조후에 따라서 여름철 선선한 바닷바람이 되기도 하고 겨울철 매서운 바람이 되기도 합니다. 든든한 정인이 일지에 있고 배우자궁에 해당하니 어머니 같은 배우자와 인연이 있습니다. 여자분의 경우, 나이차가 나는 분과 인연이 될 수 있습니다. 해의 지장간에는 정재 무戊, 겁재 갑甲, 정인 임壬이 들어 있습니다. 재물복이 조금 약한 형태입니다. 식상 병정丙丁을 끌어서 보면 절태絶胎에 해당해서 생각에 비해 표현이나 행동은 부족합니다. 식상과 재성운이 올 때 생각한 바를 적극적으로 표현하고 재정적인 성취를 할 수 있습니다.

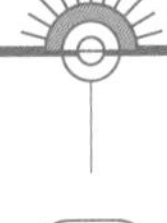

3장

화火 일주

병丙 일주

| 병자丙子

병丙과 정관 자子로 이루어진 일주입니다. 12운성으로 태胎에 해당합니다. 일지에 절태가 있는 경우는 내가 앉은 자리가 불안하기 때문에 상대방의 부탁을 거절하지 못하는 경우도 많습니다. 검은 연못에 반사된 태양의 모습을 하고 있습니다. 겉으로는 밝고 화통한 성격이지만 속으로는 우울한 느낌이 있습니다. 목으로 생해주면 좋습니다. 관성이 강하기에 직장운은 좋으나 태의 영향으로 변동이 자주 생깁니다. 신유申酉 금 공망이라서 재물에 대한 집착이 강하게 나타납니다. 식상인 토 역시 절태絶胎에 있어서 표현이 부족한 면이 있습니다.

병인丙寅

병丙과 편인 인寅이 만난 일주입니다. 인은 병에서 장생長生이고 홍염살紅艶煞에 해당해서 인기가 많은 일주입니다. 장생지인 인 위에 앉아 있어서 상승 기운이 강합니다. 대낮에 어슬렁거리는 호랑이를 상징하기도 합니다. 교통수단으로서의 역마驛馬를 상징해서 바쁘게 돌아다닙니다. 인은 십성으로 편인입니다. 인의 지장간에는 식신 무戊, 비견 병, 편인 갑甲이 들어 있습니다. 학위나 자격증 같은 인성을 바탕으로 일하는 구조입니다. 교육 관련업에 종사하기도 합니다. 경신庚辛 재성은 절태絶胎로 기운이 약합니다. 관성 임壬은 12운성으로 병이라서 이동이 많은 직업과 인연이 있습니다.

병진丙辰

병丙과 식신 진辰으로 이루어진 일주입니다. 진은 습토濕土로 풀이 있는 연못을 뜻합니다. 진의 지장간에는 정인 을乙, 정관 계癸, 식신 무戊가 들어 있습니다. 정관과 정인은 관인상생으로 선비와 같은 바른 생활의 모습입니다. 일지에 식신을 가지고 있어서 낙천적이고 일복이 있습니다. 여자의 경우, 자녀가 생기면 배우자 자리에 자식이 자리 잡게 되어서 부부 관계가 약해질 수 있습니다. 12운성으로 관대官帶라서 제복이나 옷과 관련된 업종에 인연이 있습니다. 병진일주는 공망이 자축子丑입니다.

병오丙午

병丙과 겁재 오午가 만나서 이루어진 일주입니다. 오에서 병은 12운성으로 제왕帝旺이 됩니다. 불의 기운이 매우 강한 일주입니다. 오는 병에 양인羊刃에 해당합니다. 내 재물을 뺏으러 오는 칼을 든 도둑에 비유합니다. 편관 임壬이 사주에 있으면 양인합살羊刃合殺을 통해 큰 권력을 가질 수 있지만 수水가 부족할 경우 소중한 내 재물이 화염으로 타버릴 수 있습니다. 물상으로는 태양 아래 이글거리는 봉화대를 상징합니다. 자신감이 지나쳐 자만심이 되기 쉽습니다. 강한 열기와 빛을 내뿜기에 속이 공허해질 수 있습니다. 인성 인묘寅卯는 공망이라서 학업적인 성취는 부족합니다. 경庚 정재는 목욕 도화에 해당해서 남자의 경우 여색에 빠지기 쉽습니다. 오는 축丑, 진辰, 오 운이 오면 감정 기복이 강해질 수 있어서 조심해야 합니다.

병신丙申

병丙과 편재 신申으로 이루어진 일주입니다. 병은 신에서 12운성으로 병病에 해당합니다. 강한 태양이 오후를 지나 서서히 힘이 빠지는 모습입니다. 병病이 들면 이곳저곳 돌아다녀야 하니 역마를 뜻합니다. 신은 큰 도시를 뜻하니 여러 사람과 만나는 물상입니다. 신의 지장간에는 식신 무戊, 편관 임壬, 편재 경庚이 들어 있습니다. 자신의 일에 대한 전문성으로 편관의 어려움을 해결하고자 합니다. 갑甲 인성은 절絶이라서 학업적인 성취가 부족할 수 있습니다. 바쁘게 돌아다니는 직업과 인연이 있습니다.

| 병술丙戌

병丙과 식신 술戌로 이루어진 일주입니다. 태양은 술에서 묘지로 들어갑니다. 병은 술에 통근通根했지만 스스로 묘지에 들어가는 독특한 일주입니다. 동주묘同柱墓라고도 합니다. 추수를 끝낸 땅에 떠 있는 약한 태양의 모습입니다. 술은 천문성이기도 해서 겨울을 준비하는 모습, 즉 철학적이거나 종교적인 면이 있습니다. 술의 지장간에는 정재 신辛, 겁재 정丁, 식신 무戊가 들어 있습니다. 재물이 땅속에 있어서 재복이 있는 일주입니다. 다만 겁재가 내 재물을 노리고 있어서 경쟁심이 강합니다. 회사 생활보다는 내 전문적인 능력으로 재물을 축적합니다. 교육이나 종교 등의 직업과 인연이 있습니다. 병술은 백호대살白虎大煞에도 해당되어 술을 충형하는 운辰, 丑, 未에는 주의가 필요합니다.

정丁 일주

정축丁丑

정丁과 식신 축丑이 만난 일주입니다. 정은 축에서 12운성으로 묘墓입니다. 십성으로 보면 식신입니다. 축은 겨울의 마지막으로 새 생명을 탄생시키기 위한 인내의 상징입니다. 그만큼 섬세하게 가리기 때문에 좋고 나쁜 게 분명하게 드러납니다. 축의 지장간에는 편관 계癸, 편재 신辛, 식신 기己가 들어 있습니다. 스스로 좋아하는 일을 하면서 돈을 버는 형태입니다. 식신의 소라서 바쁘게 일하는 경우가 많습니다. 겨울생보다 여름생 정축일주가 낫습니다. 정축일주는 백호대살에 해당하기도 해서 근묘화실에 따라 30~40대에 충형운을 조심하시면 좋습니다.

정묘丁卯

정丁과 편인 묘卯가 만난 일주입니다. 묘卯의 물상에 따라 공부하는 관심사가 다양하다고 하는 특징이 있습니다. 대신 한 분야를 꾸준히 파고들지 못합니다. 12운성으로 묘는 병病에 해당합니다. 여기저기 돌아다니며 여러 사람 만나는 것을 좋아합니다. 편인의 비상한 두뇌를 가지고 있는데 배우자 자리에 모친이 있으니 부부 관계에서 다소 불리할 수도 있습니다. 식상은 목욕과 병에 해당해서 노는 것도 좋아합니다.

정사丁巳

정丁과 겁재 사巳가 만난 일주입니다. 사는 12운성으로 왕旺에 해당하여 기세가 상당히 강합니다. 겁재를 일지에 두어서 경쟁심도 대단합니다. 사는 대역大驛을 상징하는 역마이기도 해서 강한 기운을 바탕으로 여기저기 돌아다니는 모습입니다. 사의 지장간에는 상관 무戊, 정재 경庚, 겁재 병丙이 들어 있습니다. 상관이 록이 되어서 말도 직설적으로 하기 쉽습니다. 재물을 두고 겁재와 경쟁하니 경쟁심이 강할 수밖에 없습니다. 편인 을乙은 목욕에 해당하여 예술적인 일에 관심이 많습니다. 관성은 절태絶胎라서 여자의 경우 배우자와의 관계가 약할 수 있습니다.

정미丁未

정丁과 식신 미未가 만난 일주입니다. 정은 음화陰火로서 병화처럼 강하게 드러나지는 않지만 은은하게 스스로를 드러내는 일간입니다. 열기처럼 속깊은 정도 있습니다. 별빛처럼 영적인 세계에 대한 관심과 호기심을 가지고 있습니다. 화원을 뜻하는 미 위에 별이 떠 있으니 낭만적입니다. 성정 자체가 순진무구합니다. 여자분의 경우, 배우자 자리에 식신이 들어있어서 자녀가 생기면 자녀 중심으로 관심사가 이동합니다. 미의 지장간을 보면 비견 정, 편인 을乙, 식신 기己가 들어 있습니다. 비견으로 경쟁심이 있고 편인이 식신을 만나서 적절하지 않은 판단을 하는 경우가 있습니다. 건조하고 뜨거운 일주 특성이 있어서 감정기복이 생길 수 있습니다. 인묘寅卯 인성 공망이라서 학업적인 성취는 조금 부족합니다.

| 정유丁酉

정丁과 편재 유酉가 만난 일주입니다. 유는 천을귀인이며 문창귀인에 해당합니다. 유는 절에 있는 종이라서 은은한 종소리와 함께 별이 반짝반짝 빛나고 있는 모습입니다. 낭만적인 측면이 많습니다. 유의 다른 물상으로는 칼이 있기에 때로 예리하고 단호하게 일을 처리하기도 합니다. 의사, 간호사, 회계사 등과도 어울립니다. 정은 유에서 12운성으로 장생이라서 재물복도 많은 일주입니다. 관성은 목욕과 병에 해당하여 이동이 많은 직업군과 인연이 있습니다. 인성은 절태인지라 혹 어릴 때에 좋은 성적이 나왔다 하더라도 결코 공부만으로 성공하는 운명은 아닙니다.

| 정해丁亥

정丁과 정관 해亥가 만난 일주입니다. 해는 파도치는 바닷물과 같아서 역동적이고 역마의 기운을 가지고 있습니다. 직업적으로 해외운이 있습니다. 또한 해는 천을귀인이기도 합니다. 천문성이라서 영감이 뛰어납니다. 해의 지장간에 상관 무戊, 정인 갑甲, 정관 임壬이 들어 있습니다. 정관과 정인이 관인상생하는 모습이라서 바른 생활로 명예를 추구하는 형태입니다. 다만 상관이 정관을 보고 있어서 상관의 욱하는 성향으로 인해 직업적인 변동 가능성이 있습니다. 일지 배우자궁이 태胎라서 부부 관계가 조금 약할 수 있습니다.

4장

토土 일주

무戊 일주

무자戊子

무戊와 정재 자子가 만난 일주입니다. 무는 동물 가운데 곰을 상징해서 겉으로는 우직하고 미련해 보이지만 실은 매우 영리합니다. 무는 속을 잘 드러내지 않는 속성이 있고, 중간자로 어느 한쪽 편에 치우치지 않고 중심을 지키는 리더십이 있습니다. 자는 수水의 왕지旺支입니다. 정재를 일지에 가지고 있어서 재물복이 있고 경제 관념이 좋습니다. 자는 검은 연못의 물상이라서 검은 연못 위에 노을 지는 풍경과 같습니다. 쓸쓸하고 우울한 면이 있습니다. 무는 지장간의 계수와 암합하는 구조이기도 해서 남자분의 경우 이성 문제의 소지가 있습니다. 운에서 배우자 궁 충형운이나 원진운은 주의가 필요합니다. 12운성으로 무는 자에서 태胎에 놓이게 됩니다. 태는 생명이 처음 잉태된 상태로 초기에는 불안한 모습입니다. 일지가 태인 경우에는 초년운은 좋지 않으나 나이가 들면서 발전하는 형태가 많습니다. 이동이 많은 예술이나 유흥 관련 일과 인연이 있습니다.

| 무인戊寅

무戊와 편관 인寅이 만난 일주입니다. 인은 무의 장생지長生支이기는 하지만 편관이라서 생을 충분히 받지는 못합니다. 인은 동물 가운데 호랑이, 특히 산속에서 어슬렁거리는 호랑이의 모습입니다. 인의 지장간에는 비견 무戊, 편인 병丙, 편관 갑甲이 있습니다. 비견의 경쟁심과 편관 편인의 살인상생殺印相生이 있습니다. 완벽주의적인 경향과 더불어 의심이 많은 모습이 있습니다. 인은 교통수단으로 역마를 뜻해서 활동성 있는 직업과 관련이 많습니다.

| 무진戊辰

무戊와 비견 진辰이 만난 일주입니다. 괴강과 백호대살白虎大煞에 해당합니다. 사주 구성이 좋으면 대단한 권력자가 될 수 있습니다. 곰과 용이 만났으니 엄청난 에너지를 가지고 있습니다. 진의 지장간에는 정관 을乙, 정재 계癸, 비견 무戊가 들어 있습니다. 정재와 정관을 가지고 있어서 바른 생활의 모습을 가지고 있습니다. 무와 계가 암합하는 모양이라서 남자의 경우 이성 문제가 생길 수 있습니다. 12운성으로 진은 관대에 해당해서 약간의 자만심을 가지고 있습니다. 의상이나 제복과도 인연이 있습니다. 술해 공망이라서 종교나 철학에 대한 관심도 강합니다. 괴강이나 백호대살의 경우에는 진을 충형하는 운에 감정기복이 생기거나 사고 등이 생길 수 있어서 유의가 필요합니다.

무오戊午

무戊와 정인 오午가 만난 일주입니다. 오는 봉화대를 뜻합니다. 다른 물상으로는 산 속에 용암이 끓고 있는 모습도 있습니다. 따라서 화火 기운이 잘 조절되고 있는 지를 봐야 합니다. 봉화대 뒤로 노을이 지는 모습이라서 자신감 이면에 쓸쓸한 뒷모습이 보입니다. 무오일주는 양인羊刃을 가지고 있습니다. 뛰어난 장수의 칼이 되기도 하지만, 잘못하면 흉기가 됩니다. 오의 지장간에는 편인 병丙, 겁재 기己, 정인 정丁이 들어 있습니다. 경쟁심도 있고 두뇌회전도 매우 빠릅니다. 화火를 제어할 수 있는 수水는 절태가 되어서 사주에 수기운이 튼튼하면 좋습니다. 오, 축丑, 진辰의 탕화운에는 용암을 건드려서 감정적인 문제가 생기기 쉬우니 주의가 필요합니다.

무신戊申

무戊와 식신 신申이 만난 일주입니다. 산 속에 보석 광산을 품고 있는 모양입니다. 식신을 가지고 있어서 내 능력의 전문성을 키울 수 있는 일주입니다. 12운성으로 병丙에 해당해서 역마의 활동성도 강합니다. 신의 지장간에는 비견 무戊, 편재 임壬, 식신 경庚이 들어있습니다. 재물인 수가 바위에서 졸졸 흘러나오는 모양입니다. 내 능력으로 돈을 버는 형태라서 사업가적인 모습을 가지고 있습니다. 관성은 절태絶胎에 해당해서 직업적인 변동 가능성이 있습니다. 인성도 병丙에 해당해서 유학을 가거나 다양한 분야에 관심을 갖기도 합니다.

무술戊戌

무戊와 비견 술戌이 만난 일주입니다. 술은 동물로는 개를 뜻해서 산에 개들이 놀고 있는 물상입니다. 불탄 평야에 노을이 진 물상이기도 해서 고독한 느낌도 있습니다. 술은 천문성이라서 종교적인 성향도 강합니다. 무속인이 많은 일주이기도 합니다. 괴강살魁罡煞에 해당해서 우두머리 성향이 있기에 사주 구성이 되면 권력을 갖기도 합니다. 12운성으로 술은 묘墓입니다. 지장간을 보면 상관 신辛, 정인 정丁, 비견 무가 들어 있습니다. 상관의 불만이 나타날 수 있습니다. 공부에 대한 순수한 열망도 가지고 있습니다.

기己 일주

기축己丑

기己와 비견 축丑으로 이루어진 일주입니다. 기는 습한 토인데 축도 습해서 차가운 토입니다. 태양인 병丙이 필요한 일주입니다. 기는 동물 중에서는 오리를 상징해서 다방면으로 재주가 많습니다. 또한 구름을 뜻하기도 합니다. 축은 밭을 갈고 있는 소를 떠올리게 합니다. 봄을 열기 위한 마지막 겨울의 글자로서 인내와 희생을 뜻합니다. 탕화살이 작용할 수 있는 운에는 조심해야 합니다. 축의 지장간에는 편재 계癸, 식신 신辛, 비견 기己가 들어 있습니다. 스스로 일을 하면서 돈을 버는 사업가, 프리랜서의 구조입니다. 12운성으로 묘에 해당해서 재물이 묘지에 있으니 재복이 있습니다. 화火가 필요한 일주라서 공부와 인연이 있습니다. 교육 사업에 종사하는 분도 많습니다.

기묘己卯

기己와 편관 묘卯가 만난 일주입니다. 기는 습한 토를 뜻합니다. 땅을 파기 전에는 땅속에 무엇이 있는지 알 수 없는 것처럼 속마음을 알기가 어렵습니다. 어느 한 곳에 머물기보다는 구름처럼 흘러가는 역마성을 가집니다. 동물로는 오리에 해당해 다방면에 재주를 가지고 있습니다. 12운성으로 묘는 병에 해당합니다.

병은 역마를 뜻하고 묘의 분리의 물상을 보면 직업적인 변동성이 많습니다. 편관 묘로 인해서 위장, 피부, 허리 등에 문제가 생기기 쉽습니다. 배우자궁에 편관이라서 좋은 배우자 인연으로 보기는 어렵습니다.

| 기사己巳

기己와 정인 사巳가 만난 일주입니다. 일지에 사는 많은 사람이 오가는 큰 역驛을 상징합니다. 천간과 지지가 모두 역마를 가지고 있어서 바쁘게 돌아다니는 일주입니다. 사는 십성으로 정인이니 눈치 안보고 본인 이야기를 잘 하고 공부 또한 잘할 수 있습니다. 배우자 자리에 엄마가 있으니 남자분은 마마보이일 수 있습니다. 사는 12운성으로 제왕이라서 능수능란합니다. 사의 지장간을 보면 겁재 무戊, 상관 경庚, 정인 병丙이 들어 있습니다. 경쟁심이 있고 상관도 강해서 말하는 것과 표현하는 것으로 먹고 사는 직업과 인연이 있습니다. 기와 사는 글자가 구부러져 있어서 곡각살이라고 합니다. 뼈, 근육, 디스크 등에 병이 생기기 쉽습니다. 술해 천문성이 공망이라서 종교나 신비주의 등에도 관심이 많습니다.

| 기미己未

기己와 비견 미未로 이루어진 일주입니다. 간여지동干如支同이라서 고집과 경쟁심이 강한 구조입니다. 미토는 여름의 뜨거운 땅을 의미합니다. 천간의 습토濕土와 지지 조토燥土가 균형을 이루고 있습니다. 미는 아름다운 화원을 뜻하기도 합니다. 화원에 구름이 지나가는 모습입니다. 또한 들판에 양들이 뛰노는 모습이기도 합니다. 미의 지장간에는 편인 정丁, 편관 을乙, 비견 기가 들어 있습니다. 살인상생의 모습이라서 직장생활과 잘 맞습니다. 또한 이공계, 법조계 등과 인연이 있습니다. 12운성으로 미는 관대에 해당합니다. 제복과 인연이 있고 다소 자신감이 넘치기도 합니다.

| 기유己酉

기己와 식신 유酉가 만난 일주입니다. 식신이 있는 경우는 문창귀인이라서 공부를 잘하는 요소로 작용합니다. 기 일간은 역마성을 가진 일주입니다. 여러 분야에 관심이 많고 재능도 많습니다. 유는 정제된 결실이나 보석과 같습니다. 유는 사종을 뜻해서 산사山寺 뒤로 지나가는 구름의 모습입니다. 또한 12운성으로 생지生支입니다. 주위의 도움이 많습니다. 식신의 표현력이 강해서 전문성을 키우는 일과 인연이 있습니다. 예술, 문화, 회계 등에 인연이 있습니다. 관성은 절태에 있어서 직업의 변동 가능성은 있습니다. 재성은 목욕과 병에 해당해서 이동하면서 버는 재물에 인연이 있습니다.

기해己亥

기己와 정재 해亥가 만난 일주입니다. 기는 구름을 뜻합니다. 해는 휘몰아치는 바다와 같습니다. 조합 자체로 역마성이 강합니다. 해외의 인연도 있습니다. 해의 지장간에는 겁재 무戊, 정관 갑甲, 정재 임壬이 들어 있습니다. 바른 생활의 모습이 있습니다. 습한 기운이 강해서 태양 병丙이 옆에 있으면 좋습니다. 상관 신辛은 목욕이 되어서 재미있게 말하는 능력도 있습니다. 해는 천문성에 해당해서 종교적인 성향이 있습니다.

5장

금金 일주

경庚 일주

경자庚子

경庚과 상관 자子로 이루어진 일주입니다. 경은 저돌성과 강한 의지를 가지고 있습니다. 상관의 힘도 강해서 경의 단호함이 말에도 나타납니다. 사주 구성이 좋으면 총명하고 비상한 능력을 발휘하지만 그렇지 않을 때는 불만이 강한 모습이 되기도 합니다. 관성은 절태로 기운이 약화되어 있습니다. 직업의 변동 가능성이 있습니다. 조직의 속박보다 자유로운 직업을 가지면 좋습니다. 일지는 12운성으로 사死입니다. 검은 연못 위에 뜬 달을 상징하기도 해서 어두운 모습입니다.

| 경인庚寅

경庚과 편재 인寅으로 이루어진 일주입니다. 가을의 시작을 알리는 경은 단단하고 강인한 특성이 있습니다. 멧돼지 같은 저돌성도 있습니다. 의협심도 대단히 강해서 불의를 보면 못 참는 성격입니다. 경은 화火로 제련해야 좋은 물건이 됩니다. 인은 계절로 초봄이라서 경은 12운성으로 절絶입니다. 보름달 뜬 밤에 어슬렁거리는 호랑이를 상징하기도 합니다. 인의 지장간에는 편인 무戊, 편관 병丙, 편재 갑甲이 들어 있습니다. 나의 재물을 통해 회사를 이루는 사업가적인 모습을 가지고 있습니다. 배우자궁이 절지이기 때문에 부부 관계가 조금 약한 면은 있습니다.

| 경진庚辰

경庚과 편인 진辰으로 이루어진 일주입니다. 경은 맺고 끝는 것을 잘하고 추진력도 강합니다. 또한 편인 진은 용처럼 다양성을 가지고 있고 머리 회전이 비상합니다. 경진일주는 괴강살魁罡煞에 해당해서 우두머리의 기상이 있고 논쟁을 좋아합니다. 진의 지장간을 보면 정재 을乙, 상관 계癸, 편인 무戊가 들어 있습니다. 땅속에 재물을 가지고 있어서 재복이 있습니다. 12운성으로 보면 진은 양養에 해당합니다. 겉으로는 순수해 보이지만 실제로는 머리가 비상합니다. 교육업에도 인연이 있습니다.

경오庚午

경庚과 정관 오午가 만난 일주입니다. 백마를 뜻합니다. 지지 오는 봉화대처럼 우뚝 솟은 자신감을 뜻합니다. 경이라는 좋은 원석이 오의 불을 만나서 좋은 도구로 만들어지는 모습입니다. 12운성으로 오는 목욕에 해당합니다. 오의 지장간을 보면 편관 병丙, 정인 기己, 정관 정丁이 들어 있습니다. 관성과 인성이 록왕으로 힘이 넘쳐서 조직 내에서 성장하고 인정받는 모습입니다. 오의 탕화살이 작용하는 운의 감정기복을 조심해야 합니다.

경신庚申

경庚과 비견 신申으로 이루어진 간여지동干如支同 일주입니다. 경의 저돌성이 두드러집니다. 단단하고 목표 지향적이라서 한 번 생각한 일은 끝내 해내고 마는 성격입니다. 신의 지장간에는 편인 무戊, 식신 임壬, 비견 경이 들어 있습니다. 식신의 전문성도 강합니다. 관성 병丙은 병病에 해당해서 이동이 많은 직업과 인연이 있습니다. 화火의 제어가 있으면 크게 발달할 수 있습니다. 간여지동 일주의 경우 강한 자기 주장으로 부부 관계는 조금 트러블이 생길 수 있습니다.

경술庚戌

경庚과 편인 술戌이 만난 일주입니다. 12운성으로 쇠지衰支에 해당합니다. 힘은 정상에 있을 때보다 약해졌지만 대신 노련함을 가지고 있습니다. 괴강살을 놓아서 우두머리 노릇을 하려고 하는 경향도 있습니다. 홍염살紅艶煞을 가지고 있어서 인기도 많은 일주입니다. 술의 지장간에는 겁재 신辛, 정화 정丁, 편인 무戊를 가지고 있습니다. 관인상생의 바른 생활의 모습을 가졌습니다. 또한 겁재가 있어서 타인과 경쟁하고 논쟁하는 모습도 있습니다. 무는 천문살이면서 묘지에 있어서 종교성도 강합니다. 정관은 양養에 있고 괴강살이 있으니 교육 관련업에도 좋게 쓰일 수 있습니다.

신辛 일주

신묘辛卯

신辛과 편재 묘卯가 만난 일주입니다. 신은 보석과 같이 정교하고 예리한 아름다움을 가지고 있습니다. 가시 달린 장미와 같습니다. 완성된 열매라서 불필요한 관계는 칼같이 자르는 면이 있습니다. 신은 묘에서 절絶에 해당합니다. 재물이 절지에서 끊어지는 모양이라서 변동이 많을 수 있습니다. 재성이 강해서 결과 지향적인 급한 모습이 나오기도 합니다. 물상으로 보면 묘를 신으로 자르는 모습이기도 해서 미용이나 의상 관련 직업, 의료업이나 정밀한 작업을 하는 기술 직종 등에 인연이 있습니다.

| 신사辛巳

신辛과 정관 사巳가 만난 일주입니다. 신은 아름다운 보석이라 물로 씻는 것을 좋아합니다. 성격은 칼 같은 서릿발이 내리기도 합니다. 사의 지장간에는 정인 무戊, 겁재 경庚, 정관 병丙이 있습니다. 관인상생으로 바른 모습을 가지고 있습니다. 12운성으로 사는 사지死支입니다. 여자의 경우, 정관의 힘이 강하지만 사지에 들어서 충형하는 운에는 조심할 필요가 있습니다. 신은 지장간의 병과 암명합暗明合, 사주 천간 글자와 지장간 글자가 합을 하는 경우하는 구조라서 이성 문제의 소지가 있습니다. 남자의 경우에도 재성이 목욕에 해당해서 색色에 빠질 위험이 있으니 주의가 필요합니다.

| 신미辛未

신辛과 편인 미未로 이루어진 일주입니다. 미인이 많은 일주입니다. 서리 내린 화원이라서 아름다운 외모와 달리 성격은 차가운 느낌을 줍니다. 동물 중에서는 꿩을 상징해서 화려하고 치장하기 좋아합니다. 미는 목木의 묘지墓支라서 재물을 땅에 묻어두고 있는 모양이라 재복이 많습니다. 신은 미에서 12운성으로 쇠衰입니다. 노련한 모습입니다. 신의 지장간에는 편관 정丁, 편재 을乙, 편인 기己가 있습니다. 제복을 입는 직업과 인연이 있습니다.

신유辛酉

신辛과 비견 유酉로 이루어진 일주입니다. 미남미녀가 많은 일주이고 홍염살에도 해당해 인기가 많습니다. 간여지동이라서 신의 예리함이 강하고 경쟁심을 드러냅니다. 유를 가진 덕에 정밀한 재주가 있어서 공예, 예술, 회계, 기술 등의 분야에서 인연이 있습니다. 편관 정丁은 생生, 편재 을乙은 절絶, 식신 임壬은 목욕沐浴입니다. 유흥에 빠지기 쉬우니 조심할 필요가 있습니다. 재물은 끊어지는 물상이니 변동이 크고 직업적으로 주위의 도움이 있습니다.

신해辛亥

신辛과 상관 해亥가 만난 일주입니다. 바다 위에 서리가 날리는 모습을 하고 있어서 춥고 쓸쓸하고 고독한 느낌이 있습니다. 상관을 가지고 있어서 말재간구변口辯이 좋습니다. 12운성으로 목욕沐浴입니다. 상관을 일지에 놓은 경우에는 정에 약해서 거절을 잘 못하는 경우가 많습니다. 신은 맺고 끊음이 강한데 신해일주만은 예외입니다. 해는 천문성으로 영적인 세계에 관심이 많습니다. 해의 지장간에는 정인 무戊, 정재 갑甲, 상관 임壬이 있습니다. 강한 상관의 힘으로 재물을 버는 구조입니다.

| 신축辛丑

신辛과 편인 축丑이 만난 일주입니다. 신은 반짝반짝 빛나는 보석입니다. 아름답지만 차갑습니다. 축은 동물 가운데 소에 해당하기 때문에 인내의 상징입니다. 필터의 모양을 하고 있어서 호불호가 분명합니다. 일주가 습하고 추워서 조후調候가 맞아야 합니다. 12운성으로 신은 축에서 양養입니다. 양을 가진 분은 순진무구한 면이 있습니다. 교육, 역술, 복지 사업에 인연이 있습니다. 축의 지장간에는 식신 계癸, 비견 신, 편인 기己가 있습니다. 식신은 관대官帶로 나를 표현하는 힘이 있고 옷에 관심이 많을 수도 있습니다. 편인은 묘墓에 있어서 공부 인연이 있습니다.

6장

수水 일주

임壬 일주

| 임자壬子

임壬과 겁재 자子가 만난 일주입니다. "너 오늘 임자 만났다"고 할 때의 바로 그 임자입니다. 임수壬水는 큰 물을 뜻합니다. 따라서 그 속을 알기 어렵습니다. 또한 물은 장소를 가리지 않고 흘러갑니다. 즉 적응력이 좋습니다. 임은 자에서 12운성으로 왕지旺支입니다. 양인羊刃을 지지에 두고 있습니다. 양인이 호시탐탐 재성을 훔치려고 하니 경쟁심도 강합니다. 물상으로 보면 임은 가을 이슬이고 자는 검은 연못입니다. 즉 임자는 검은 연못에 내린 가을 이슬을 뜻하며, 스산하고 우울한 느낌도 있습니다. 수水는 밤이나 겨울을 상징하기 때문에 생각이 발달하고 기획력도 좋습니다. 수가 강하기 때문에 목화木火 기운이 좋습니다. 식신 갑甲은 목욕沐浴이고 편재 병丙과 편관 무戊는 태胎에 해당합니다. 노는 것에 빠질 수 있어서 주의가 필요합니다. 직업과 재물은 변동성이 있습니다.

| 임인壬寅

임壬과 식신 인寅으로 이루어진 일주입니다. 임은 기획력이 좋거나 두뇌 회전이 빠른 일간입니다. 생각이 깊은 수의 특성상 많이 생각하지만 밖으로 표현하는 것은 부족하기 쉽습니다. 속을 잘 드러내지 않습니다. 일지에 인은 호랑이를 뜻해서 물가에 있는 호랑이의 모습입니다. 호랑이가 힘을 쓰기에 조금 부족합니다. 인은 교통수단인 역마를 뜻해서 관련 직업과 인연이 있습니다. 12운성으로 임은 인에서 병病입니다. 바쁘게 돌아다니면서 일하는 모습입니다. 인의 지장간에는 편관 무戊, 편재 병丙, 식신 갑甲이 있습니다. 전문성을 바탕으로 돈을 벌고 직업을 갖게 되는 모습입니다. 인성 경庚은 절絶이 되니 공부와는 인연이 부족합니다.

| 임진壬辰

임壬과 편관 진辰이 만난 일주입니다. 늪에 물이 넘치는 모습입니다. 물에 잠겨 있는 용의 모습도 있네요. 12운성으로 진은 묘墓라서 구두쇠와 같습니다. 진의 지장간에는 상관 을乙, 겁재 계癸, 편관 무戊가 있습니다. 편관이 관대라서 제복과 관련된 직업과 인연이 있습니다. 임진은 괴강살魁罡煞에도 해당하니 군인, 경찰, 의료, 교육 계통과도 잘 맞습니다. 상관 역시 관대라서 말이 과하거나 과시욕이 드러나기 쉽습니다. 습한 느낌의 일주라서 화火가 있어야 좋습니다.

| 임오壬午

임壬과 정재 오午가 만난 일주입니다. 수水는 아래로 내려가고 화火는 위로 올라가니 수화기제水火旣濟의 괘상입니다. 수화기제란 다 이룬 모양입니다. 천간과 지지가 서로를 향하고 있어서 부부금실이 좋습니다. 반대로 천간이 수이고 지지가 화라면 부부가 이별하는 모습입니다. 남자의 경우, 오의 지장간의 정丁과 합合을 하고 있어서 배우자를 향한 마음이 깊습니다. 오를 일지에 가지고 있어서 자기 자신에 대한 강한 자신감을 가지고 있습니다. 12운성으로 오는 태胎입니다. 재물운에 있어서 변동성이 있습니다. 정관 기己는 록祿으로 있어서 직장운은 좋지만 역시 변동성이 있습니다. 재생관의 모습이라서 자기 사업을 하는 경우도 많습니다. 인성 경庚은 목욕沐浴이라서 다양한 관심사를 가지고 있습니다. 식신 갑甲은 사死입니다. 표현력이 약할 수 있습니다. 축, 진, 오의 탕화운에는 감정기복을 조심해야 합니다.

임신壬申

임壬과 편인 신申이 만난 일주입니다. 두뇌 회전이 빠른 임 일간에 편인 장생을 두고 있으니 머리가 비상합니다. 신은 동물 가운데 원숭이라서 다재다능한 면이 있습니다. 또한 이름난 도시를 뜻해서 많은 사람들과 인연이 있습니다. 12운성으로 장생이라서 주변의 도움이 있습니다. 신의 지장간에는 편관 무戊, 비견 임, 편인 경庚이 있습니다. 살인상생殺印相生으로 영감이 좋고 판단력이 빠릅니다. 편관은 병病으로 역마라서 이동이 많은 직업과 인연이 있습니다. 식상 갑甲을 보면 절絶이 되어서 표현력은 서툽니다. 여자분의 경우, 출산에 어려움을 겪을 수 있습니다. 재성 병丙은 병病 역마라서 직업상 바삐 돌아다니는 인연입니다.

임술壬戌

임壬과 편관 술戌이 만난 일주입니다. 괴강살과 백호대살白虎大煞에 모두 해당하니 사주 구성이 좋으면 권력자가 될 수도 있으나 좋지 않으면 힘든 인생이 될 수도 있습니다. 지지에 편관을 가지고 있어서 늘 긴장하며 살아가게 될 운명입니다. 12운성으로는 관대에 해당합니다. 술의 지장간에는 정인 신辛, 정재 정丁, 편관 무戊가 있습니다. 술을 충형하는 운에는 입묘入墓 현상이 생길 수 있으니 주의해야 합니다. 정화 정은 양養으로 알뜰히 재물을 키워나가는 형태입니다. 정인은 대좌대궁帶坐帶宮, 스스로는 수준이 높다고 생각하지만 공부가 충분히 성숙하지 않은 상태이라서 공부에 대해 다소 자만감을 가질 수 있습니다.

계癸 일주

계축癸丑

계癸와 편관 축丑이 만난 일주입니다. 편관이긴 하지만 축 안에 계가 있어서 나의 뿌리가 되니 묘한 관계입니다. 천간과 지지 모두 끝의 글자입니다. 생명을 탄생시키는 전 단계이기에 인내와 희생을 상징합니다. 계는 동물 가운데 박쥐라서 무리 생활을 잘 합니다. 축은 호불호가 강한 면이 있습니다. 천간과 지지가 모두 습하고 추워서 화火가 반드시 필요합니다. 축의 지장간에는 비견 계, 편인 신辛, 편관 기己가 있습니다. 살인상생의 구조라서 빠른 판단력을 가집니다. 비견이 대좌대궁이라서 조금 자아도취 경향이 있습니다. 백호대살을 두고 있으니 충형하는 운은 조심해야 합니다.

계묘癸卯

계癸와 식신 묘卯가 만난 일주입니다. 계는 봄비와 같아서 생명을 양육할 수 있는데 지지에 묘가 있으니 식신이 튼튼합니다. 12운성으로 생지生支입니다. 주변의 도움도 있어서 먹을 복이 있습니다. 천을귀인에 해당해서 좋은 배우자와의 인연도 있습니다. 편재 정丁은 병病이고 편관 기己도 병으로 이동이 많은 직업과 인연이 있습니다. 편인 신辛은 절絶이라서 공부와는 인연이 강하지 않고 내가 좋아하는 다양한 일을 하면서 살게 됩니다.

| 계사癸巳

계癸와 정재 사巳가 만난 일주입니다. 12운성으로 사는 태胎입니다. 재물을 깔고 있어서 재복이 있는 일주입니다. 사는 큰 역을 상징하기도 해서 운동성도 강합니다. 사의 지장간에는 정관 무戊, 정인 경庚, 정재 병丙이 있습니다. 정관, 정인, 정재의 바른 생활 모습입니다. 태에 있어서 자신감이 떨어지고 부화뇌동附和雷同, 남의 의견에 따라 잘 움직임할 수 있습니다. 태는 갇혀 있는 물상이기도 해서 한 군데에 틀어박혀서 연구하거나 일하는 모습이기도 합니다.

| 계미癸未

계癸와 편관 미未가 만난 일주입니다. 계는 봄비와 같아서 건조하고 뜨거운 미를 촉촉히 적십니다. 12운성으로 미는 묘墓입니다. 일지가 묘인 경우 구두쇠와 같습니다. 미의 지장간에는 편재 정丁, 식신 을乙, 편관 기己가 있습니다. 식신 을은 양養으로 키우고 교육하는 물상입니다. 식신이 돈을 벌면서 동시에 편관을 극해야 하니 공사다망합니다. 편관이 관대에 있어서 여자분은 배우자복이 약할 수 있습니다. 재물이 땅속에 있어서 재물복은 있습니다. 편인 신辛은 쇠衰에 있어서 노련한 면을 보입니다. 신유申酉 인성 공망이라서 학업적인 열망에 비해 성취가 부족할 수 있습니다.

계유癸酉

계癸와 편인 유酉가 만난 일주입니다. 지지 유는 절의 종鐘을 뜻하기에 낭만이 있지만, 또한 절에 내리는 봄비도 뜻하기에 조금 쓸쓸한 느낌도 있습니다. 화火의 도움이 필요합니다. 12운성으로 유는 병病입니다. 편인이 역마에 해당해서 다양한 관심사를 가지고 있네요. 식신 을乙은 절絶, 편재 정丁은 생生, 편관 기己는 생生입니다. 생각에 비해 표현력이 떨어지고 여자분은 출산에 어려움이 있을 수 있습니다. 직장을 통해서 돈을 버는 형태가 좋습니다.

계해癸亥

계癸와 겁재 해亥로 이루어진 일주입니다. 겁재를 일지에 두었기 때문에 경쟁심이 대단합니다. 해의 지장간에는 정관 무戊,

상관 갑甲, 겁재 임壬이 있습니다. 정관 무는 절絶에 있어서 무기력합니다. 직업적인 변동성이 있습니다. 상관이 견관을 보아서 이로 인한 문제 가능성도 있습니다. 해는 바닷물을 뜻하기도 하니 해외 역마운입니다. 천문살에 해당되어서 종교, 철학에 대한 관심도 있습니다. 정재 정丁은 태胎라서 재물의 변동성도 있습니다. 천간 지지가 수水라서 화토火土를 잘 사용할 수 있습니다.

사주를 통해서 인생을 멋지게 바꾸자

2025년 말이 되면 저의 용신 대운이 시작됩니다. 용신대운이라고 하여 모든 일이 다 형통하는 것은 아닙니다. 하지만 저의 부족한 부분을 채워주므로 사회적으로 성공하기에 유리해집니다. 지금까지 기신대운을 살아온 저에게는 용신대운에서 제 브랜드가 널리 알려지는 일을 기대하고 있습니다.

이것은 단순히 제 이름이 사람들에게 알려진다고 하는 정도의 의미가 아니라 제가 지금껏 공부해왔던 그리고 이 책을 통해서 주장했던 사주에 대해 제 삶을 통해서 입증한다는 의미입니다. 이 책에서 주장했던 용신대운이 시작했는데도 아무런 변화가 없다면 그것은 사주가 맞지 않는다는 반증이 될 것이고 제가 알려지고 계획된 일들이 차곡차곡 진행된다면 사주가 잘 맞는다는 증거가 될 것입니다. 사주에 대한 불신을 갖고 있는 분들에게 제 스스로가 증거가 되고자 합니다.

이제 저는 길었던 직장생활을 끝내고 홀로서기에 도전하고 있습니다. 책의 출간을 준비함과 동시에 유튜브 채널[퓨처트리]을 통해서 사주에 대한 생각을 알리고 있습니다. 사주를 올바른 방향으로 대중화하기 위해 사주 관련 앱서비스를 만들어보고자 합니다. 처음에는 단순히 호기심으로 사주에 접근했습니다. 하지만 이제는 내 삶을 변화시키는 긍정적인 수단으로써 진지하게 사주를 전파하고 싶습니다.

그동안 서비스기획, 사업기획, 마케팅 등을 본업으로 삼아 살아왔지만 이제는 사주기획자이자 긍정의 전도사가 되고자 합니다. 제가 사주를 공부해서 새로운 인생에 도전하게 되었듯이 여러분도 사주를 통해서 인생을 성공적으로 바꾸시기를 기원합니다.

부록

사주에 관한 Q&A

여기에서는 그간 사주에 관해 자주 받아 온 질문들을 다루었습니다. 크게 〈사주 풀이 편〉과 〈사주 공부 편〉으로 나누어 구성했습니다.

Q1. 삼재는 안 좋은 건가요?

주위에서 보면 올해는 삼재라서 걱정이라는 말을 심심치 않게 듣습니다. 삼재가 무엇이길래 사주도 잘 모르는 분들까지 걱정하게 만드는 것인지 한번 보겠습니다.

삼재는 우선 연지연주의 아래쪽 글자, 띠를 기준으로 합니다. 지지의 글자를 동물에 비유해서 띠로 부르기도 합니다. 인은 호랑이띠이고, 묘는 토끼띠라는 식으로 말이지요. 띠라는 것도 음양오행의 성질을 표시하는 수단의 하나입니다.

연지의 글자띠가 정해지면 각 글자는 고유한 운동성을 가집니다. 양목인 인寅은 자체로는 목이지만 화火 기운의 운동성을 가지고 있습니다. 앞에서 삼합三合을 다룰 때에 설명 드렸지만, 여기서는 삼재가 이 운동을 방해하는 글자라는 점만 기억해 주시는 것으로 충분합니다.

사주의 연지띠	들삼재	누울삼재	날삼재
돼지띠/토끼띠/양띠	뱀띠해	말띠해	양띠해
호랑이띠/말띠/개띠	원숭이띠해	닭띠해	개띠해
뱀띠/닭띠/소띠	돼지띠해	쥐띠해	소띠해
원숭이띠/쥐띠/용띠	호랑이띠해	토끼띠해	용띠해

▲ [표14] **띠별 삼재 해**

즉 내가 가진 운동성을 방해하는 해라고 보시면 됩니다. 운동을 방해하는 첫 해인 들삼재를 가장 좋지 않게 봅니다. 그리고 누울삼재와 날삼재는 방해하는 정도가 약합니다.

그렇다면 모든 삼재가 다 나쁜 것일까요? 내 연지[띠]가 가진 운동성이 나에게 좋은 도움이 되는 움직임이니 이것을 방해한다면 좋을 리가 없습니다. 연지의 운동성이 나에게 해롭다고 하면 그것을 방해함으로써 오히려 좋아집니다. 그러니까 삼재를 무조건 다 나쁘다고 볼 이유는 없습니다.

정리해 보겠습니다. 전에는 연지를 기준으로 사주를 봤기에 삼재를 중요하게 생각했지만 현재는 연지가 아닌 일간 중심으로 사주를 보기에 삼재의 영향력은 무시해도 됩니다.

Q2. 개명하면 운명이 바뀌나요?

자신의 이름을 개명해도 되는지 여쭤보는 분들을 종종 뵙습니다. 삶이 힘드니 운명을 바꾸기 위해서 개명이라도 하고자 하는 마음은 충분히 이해가 갑니다. 간절한 바람대로 개명을 통해 운이 좋게 바뀌면 좋겠지만 실제로는 어떨까요? 작명소에서 이름 짓는 방식은 오래전 한자시대에서 사용하던 방식입니다. 한자의 획수에 따라서 음양오행을 배분해서 용신用神이 되는 오행의 글자들이 서로 돕도록 글자를 배열하는 방식을 씁니다.

솔직히 한자를 주로 사용하던 과거에조차 획수가 운명에 영향을 끼쳤을지 의문입니다. 하물며 한글을 주로 쓰는 현재에는 그 실효성이 거의 없고, 나아가 한자의 획수나 뜻보다는 소리의 영향력이 더 크다고 봅니다. 소리를 들었을 때 물리적인 소리의 파동이 주는 에너지가 나에게 도움이 되느냐가 중요합니다. 안타깝게도 아직 소리에 대한 연구가 많지 않습니다.

세종대왕께서도 "나랏말싸미 듕귁에 달아"라고 말씀하셨듯이 우리 한글의 소리는 같은 한자라도 중국어와 발음이 다릅니다. 따라서 중국에서 유입된 한자 글자에 따른 오행을 배정하는 방식을 적용해서는 안 된다고 봅니다. 예를 들어 《훈민정음(해례본)》에서는 목구멍 소리 ㅇ, ㅎ을 수로 배정했는데 대부분의 작명하시는 분들은 목구멍 소리를 토에 배정해서 쓰고 있습니다. 저는 작명소의 방식에 반대합니다.

이렇듯 전문가들조차도 의견이 갈리는 상황이니 본인의 직관에 따라 이름을 지으시는 게 낫다고 봅니다. 들으면 기분이 좋아지는 소리로 지은 이름이라면 당연히 좋은 이름입니다. 소리에 대해서 자신이 없으시면 내가 필요한 오행이 떠오르는 물상의 글자를 이용해 작명하시는 것도 좋습니다.

또한 나이가 어릴 때는 이름도 많이 불리니 영향력이 크지만 이미 성인이 되었다면 영향력이 많이 사라집니다. 물론 예외적인 경우도 있습니다. 이름을 브랜드로 쓰시는 공인이나 연예인 분들에게는 여전히 중요합니다.

개명하는 방법

1. 사주를 분석해서 내 용신을 구한다.
2. 용신에 해당하는 소리를 정한다.
3. 용신을 생하도록 글자를 배열한다. (가령 용신이 목木이라면 수水가 목을 도와주니 수생목水生木 순서로 글자를 배열)
4. 여러 개의 이름을 적어보고 스스로 소리내어 읽어보면서 가장 편안하게 들리는 이름을 선택한다.

목	화	토	금	수
ㄱ ㅋ	ㄴ ㄷ ㄹ ㅌ	ㅁ ㅂ ㅍ	ㅅ ㅈ ㅊ	ㅇ ㅎ

▲ [표15] 《훈민정음(해례본)》 기준 한글 자음 오행표

Q3. 이혼하는 사주가 있나요?

많은 분들이 본인 사주에 이혼수가 있냐고 물어봅니다. 아무리 이혼이 흔해진 시대라도 굳이 그런 일을 겪고 싶지 않은 마음은 다르지 않겠지요.

조선시대에는 이혼수가 있어도 이혼 제도가 없었기 때문에 같이 살았습니다. 형식적으로 이혼만 없었지 관계는 당연히 좋지 않았을 겁니다. 이후 제도가 생기고 나서도 이에 대한 부정적인 관념이 강했던 시기에는 이혼수가 있어도 참고 살았을 겁니다. 그런데 최근에는 이혼에 대한 부정적인 시선이 약해져서 예전보다 이혼이 많아진 것도 사실입니다. 다시 말해서 예전에는 이혼수가 매우 강한 경우에만 이혼했지만 최근에는 이혼수가 강하지 않아도 이혼할 수 있는 거지요.

최근에 상담했던 분은 사주에 이혼수는 없지만 그 해의 운이 배우자궁을 불안하게 하는 운이어서 그런 일이 생기더라도 올해만 잘 넘기시라고 말씀드렸습니다. 그럼에도 그 해를 넘기지 못하고 이혼하시게 되었습니다. 그러나 신기하게도 그 해가 지나자 다시 결합을 이야기하고 있습니다.

요약하자면 이혼수는 있습니다. 그러나, 요즘은 이혼수가 약해도 이혼하는 경우가 흔합니다. 따라서 사주팔자보다 운을 더 조심할 필요가 있습니다.

Q4. 누구나 알 만한 유명인의 사주를 소개해 주세요.

세계 최고의 부자인 일론머스크의 사주를 보겠습니다. 1971년 6월 28일 오전 7시 30분 생이라고 알려져 있습니다. 갑甲이 오午월에 태어나서 힘이 없습니다. 가장 무더운 시기라서 사주가 뜨겁기도 합니다. 연지에 해亥가 있는데 갑甲의 장생지라서 힘을 받습니다. 한여름의 시기가 해亥 혼자 있으면 물이 마르기 십상인데 연간과 일지에 금金이 있어서 수水를 생하니 물이 마르지 않습니다. 또한 시지의 진辰에는 을乙이 있어서 갑甲의 뿌리가 됩니다. 이를 금수金水 용신의 사주로 봅니다.

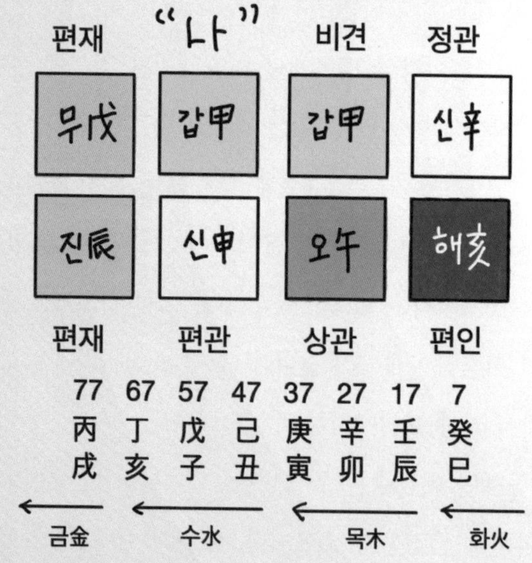

그림61 일론머스크 사주 - 1971년 6월 28일 오전 7시 30분 생

대운을 보면 16세 이전에 사巳대운의 흐름은 좋지 않았지만, 이후 흐름은 금목수운으로 진행됩니다. 이 사주에서는 화火가 강해지는 것이 제일 두렵습니다. 하지만 사주 안에 금수가 잘 갖춰져 있고 대운까지 좋아 세계 최고의 부자 반열에 들었습니다. 일생 좋은 운을 살았지만 77세 이후 병술대운은 화기운이 강해져서 이 시기는 매우 위험합니다.

오午는 상관을 뜻해서 독설가다운 면이 많습니다. 화가 강해지는 시기는 말로 인한 구설수에 시달리고 운도 좋지 않습니다. 특히 2026년은 병오년으로 화火가 매우 강한 해라서 유독 구설에 휘말리는 한 해가 될 것으로 보이네요.

Q5. 사주 공부를 하는 가장 좋은 방법은?

사주를 공부하게 되면 한자로 처음 듣는 용어들이 너무 많아서 놀라게 됩니다. 이전에는 들어본 적이 없는 단어들이니 신기해서 몇 개는 금새 외우기도 할 것입니다. 하지만 그 숫자가 점점 많아지면서 결국 건성으로 하는 공부의 한계를 마주합니다.

적당한 암기는 큰 도움이 됩니다

예전 서당의 주된 정경은 '하늘천 땅지 검을현 누를 황' 하는 식으로 목소리 높여가며 외우는 것이었습니다. 그 깊은 뜻을 이해하기 어렵더라도 반복해서 외우면 공부에 도움이 많이 됩니다. 화학 시간에 기호를 외우는 것과 비슷합니다. 특히 학습 초반일수록 적절한 암기를 통한 효율성이 극대화됩니다.

좋은 책, 특히 잘 정리된 요즘 책들을 여러 번 읽습니다

저도 처음 공부할 때는 어딘가에 숨은 비급서가 있지 않을까 기대하며 많이 찾아다녔습니다. 이름도 어려운 고서를 보면 여기에 분명 신통한 방법이 숨어있을 거라고 기대했습니다. 하지만 실상은 최근에 나온 책일수록 더 좋을 가능성이 높습니다. 저자분이 과거에 나온 주요 저작들을 다 공부하고 깔끔하게 정리한 경우가 많기 때문이지요. 특정한 원리나 통찰을 처음으로 들고 나온 예전 책을 본다면 근원에 이르기까지 착실하게 공부할 수는 있겠지만, 입문자에게 큰 도움이 되지는 않습니다. 그보다는 요즘 나온 책들 가운데 내가 흥미를 잃지 않고 공부할 수 있게 잘 구성된 책을 골라서 여러 번 보는 것을 더 추천합니다.

직접 풀어봅니다

요즘은 유튜브 등을 통해 어렵지 않게 사주 해석 컨텐츠를 접할 수 있습니다. 그런 영상을 통해 해석하고 있는 것을 보면 그럭저럭 할 만해 보입니다. 문제는 막상 내가 새로운 사주를 놓고 분석하려고 하면 막히는 경우가 많다는 것입니다. 보는 것과 직접 해보는 것은 큰 차이가 있습니다. 오늘 어떤 새로운 내용을 배웠다면 그 내용을 기초로 내 사주나 주변인 혹은 유명인들의 사주를 풀어보아야 합니다. 학습의 마지막 단계는 응용입니다. 따라서 응용을 생활화하면 빠르게 사주 공부가 발전합니다.

Q6. 사주 공부를 위해 볼 만한 도서를 추천해주세요.

입문서로는 김동완 선생의 《사주명리학 초보 탈출》(동학사) 시리즈가 좋습니다. 친근한 그림들을 섞어서 쉽게 설명해주기 때문입니다. 백영관 선생이 쓰신 《비전 사주정설》(명문당)도 김동완 선생의 것보다는 조금 어렵지만 체계적으로 잘 정리된 책입니다. 물론 그 외에도 입문자들을 위한 교재가 많이 출판되어 있으니 서점에 가셔서 자신에게 맞는 책을 택해서 여러 번 보시면 됩니다

한국 역학계의 레전드라고 하면 보통 세 분을 꼽습니다. 바로 자강 이석영 선생, 도계 박재완 선생, 그리고 제산 박재현 선생 이십니다. 이석영 선생은 《사주첩경》(한국역학교육학원)이라는 걸출한 책을 남기셨습니다. 선생의 철학이 잘 담겨 있고, 총 6권이라서 내용도 방대합니다. 박재완 선생이 남기신 《명리요강》(역문관)은 내용이 간결하고 한글로 되어 있어서 읽기가 쉽습니다. 또한 《명리사전》(역문관)은 모든 명조에 대한 해석을 달아 놓아서 참고하기 좋습니다. 부산 박도사로 잘 알려진 박재현 선생은 안타깝게도 65세라는 이른 나이에 돌아가셔서 공식적인 책을 남기신 바는 없고 제본서만 시중에 돌아다니고 있습니다.

고서들 중에서는 서락오 선생이 평주한 《자평진전평주》(도

가)가 격국에 대해서 잘 정리되어 있고, 임철초 선생이 쓴 《적천수천미》(명문당)에서는 깊이 있는 통찰을 읽을 수 있습니다. 저자 미상의 책인 《궁통보감》(이담)은 조후調候에 대한 종합적인 해석에 도움이 됩니다.

나중에 기회가 되실 때에 서양의 문헌들도 보신다면, 다른 시각으로 사주를 보는 관점을 배우실 수 있을 것입니다.

Q7. 사주 공부에 슬럼프가 올 때, 어떻게 극복해야 하나요?

슬럼프는 사주뿐만 아니라 어떤 분야를 공부해도 찾아옵니다. 슬럼프가 왔다는 것은 좋은 시그널입니다. 처음 입문하면서 가진 관심을 어느 정도 유지한 가운데 학습 수준이 많이 올라왔음을 뜻하기 때문입니다.

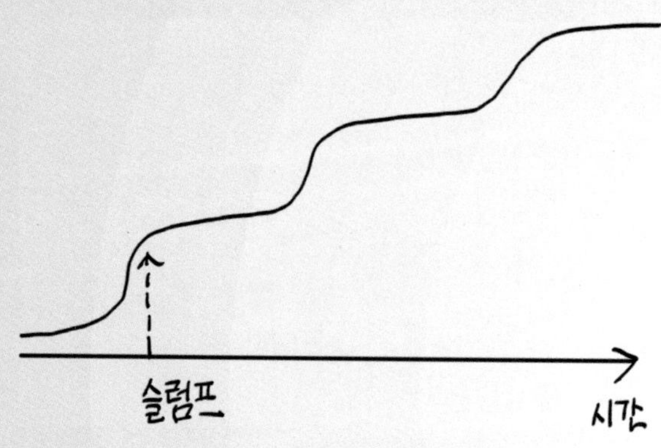

그림62 학습기간에 따른 슬럼프

물론 슬럼프 구간에 진입하면 공부에 많은 시간을 써도 결과가 잘 나오지 않는 것처럼 느껴집니다. 이때 필요한 게 바로 포기하지 않는 태도입니다. 새롭게 깨닫는 내용이 없는 것처럼 느껴져도 내 안에서는 다음 단계로 도약하기 위한 에너지가 축적되는 중입니다. 뉴턴이 깊게 고민하던 중 떨어지는 사과를 보며 만유인력의 법칙을 정립하게 된 것처럼, 공부를 쌓다 보면 어느 순간 깨달음이 찾아옵니다.

다만 슬럼프가 길어서 포기하고 싶어질 때는 유튜브에서 다른 분들의 강의를 찾아 듣거나 사주 관련 커뮤니티에서 다른 사람들의 글을 읽어보시기를 권합니다. 다른 관점에서 주어지는 이야기를 듣는 것만으로도 어느 정도 새로운 힘을 얻게 됩니다..

다시 한번 말씀드리지만 슬럼프는 어느 정도 공부한 사람만이 겪는 특권입니다. 자신만의 페이스를 지켜서 한 걸음 한 걸음 앞으로 나아가면 됩니다.

Q8. 사주 공부할 때 나는 이런 것까지 해봤다?

사주 공부가 즐거워서 유명한 책들은 말할 것도 없고, 절판된 책들까지 죄다 구해 읽었습니다. 사주에 대한 해외 시각이 궁금해 서양인들이 영어로 쓴 사주책들도 보았습니다. 지금도 해외에 갈 때면 서점의 점성술 코너 부근에 있는 사주책들을 찾아 읽습니다.

얼마 전에는 비행기를 타고 한국으로 돌아오는 중에 옆에 앉은 노르웨이 승객의 사주를 봐드렸습니다(서양인 또한 사주가 맞는다는 것은 놀랍지만 당연한 일입니다).

책으로 이해되지 않을 때에는 유튜브에서 관련된 강의 영상을 찾아보기도 하고 때로는 선생님들을 찾아가 감명료사주풀이 비용를 내고 물어봤습니다.

공부한 내용을 정리하고 공유하고자 10년 전부터 블로그퓨처트리 명리산책 운영도 시작했습니다. 같은 관심사를 가진 분들과 소통하며, 때로는 사주를 봐드리는 가운데 실력이 더 늘었습니다. 최근에는 유튜브 채널퓨처트리도 오픈했네요.

독자분들도 지금껏 배운 내용을 어떤 형태로든 공유해 보시길 바랍니다. 축적된 내용을 소화해 아웃풋을 내놓아야 성장 속도도 빨라지고, 그 수준도 깊어집니다.

Q9. 작가님께서 사주 해석을 하실 수 있게 된 후에 실제적인 도움을 받은 경험이 있으신지요?

회사 업무에 유용한 택일법

사주 공부를 통해서 무엇보다도 제 회사 생활에서 실용적인 도움을 많이 받았습니다. 중요한 회의나 발표와 같은 일정을 제가 정할 수 있는 경우에는 용신用神에 해당하는 날짜와 시간으로 정했습니다. 이 책의 3-4부를 통해서 우리는 각자의 용신을 찾아내는 법을 배웠고 언제 용신운이 오는 지도 배웠습니다. 만세력을 펼쳐 놓으면 이번 달 운이나, 이번 달 중에 어느 날이 좋고 어느 날이 나쁜지 미리 알 수 있습니다. 물론 회사 업무를 좋은 날만 골라서 할 수는 없지만, 최소한 중요한 이벤트가 있을 때는 미리 참고하여 길일을 고르면 좋은 결과를 얻을 수 있습니다.

스몰톡을 위한 사주

저는 술담배를 전혀 하지 않습니다. 예전보다는 나아졌다고 하지만, 여전히 이런 타입은 사회 생활을 하는 데에 많은 어려움을 겪습니다. 회식 등을 통해 같이 어울리는 데에 한계가 있기 때문에 그렇습니다. 더욱이 제 성격이 사교적이지 못한 터라 더욱 어울리는 데에 어려움이 있습니다.

하지만 저는 사주 덕분에 사회 생활을 해나가는 데에 한결 편해졌습니다. 물론 처음 만나자마자 사주 이야기를 하는 것은 바람직하지 않습니다. 사주를 봐주겠다고 먼저 제안하고 강요하는 듯한 태도도 옳지 않습니다. 어느 정도 사주에 대해서 인지하고 이야기가 나올 때 자연스럽게 대화를 풀어간다면 좋은 이야기 재료가 됩니다. 오랜만에 만나더라도 사주를 통해서 최근 상대방의 상황들을 넌지시 이야기해주면 대화에 몰입하게 만듭니다. 쓸데없는 인사말보다 더 도움이 되는 이야기를 해줄 수도 있습니다. 그리고 제가 연락하기 전에 먼저 연락하는 경우가 많습니다. 이렇듯 사주는 인간 관계에 여러 모로 도움이 됩니다.

Q10. 작가님께서 사주를 공부하며 개인적으로 깨달은 점은 무엇인가요?

사주를 통해 아버지를 이해하다

제 아버지는 사업만 많이 하신 게 아니라 여성편력도 심했습니다. 철들기 전에는 그런 아버지를 항상 애증의 시선으로 바라봤습니다. 어린 마음에 저렇게 살지 말아야지 하는 생각도 많이 했습니다. 나중에 사주를 공부하고 나서 아버지 사주도 보게 되었는데 제가 싫어하던 아버지의 모습이 전부 사주 속에 있는 것을 보고 놀랐습니다. 동시에 모두 자기 팔자대로 산다는 점을 깨달았습니다. 결국은 타고난 대로 사는 거라 미워할 필요가 없었습니다. 그저 이해만 하면 되는 거였습니다.

사주를 보면 세상에 이해하지 못할 사람은 없다

심지어 사회적으로는 용서 받기 어려운 범죄인 살인의 경우도 사주적으로는 이해가 됩니다. 솔직히 사주로 바라본다면, 그 누구든 이해하지 못할 사람이 없습니다. 즉 누군가를 싫어하고 미워할 필요가 없다는 것을 깨닫습니다. 각자 자기의 사주, 업에 따라 살고 죽는 것입니다. 그렇기에 스스로에게 더 집중하고 세상에 악으로 갚는 것보다 선을 베푸는 것이 중요함을 늘 되새깁니다.